rápidos

ALTA BOOKS
EDITORA

Cozinha Fácil todos os dias – Rápidos Copyright © 2011 da Starlin Alta Con. Com. Ltda.
ISBN 978-85-7608-494-5

Produção Editorial:
Starlin Alta Con.
Com. Ltda.

Gerência de Produção:
Maristela Almeida

Coordenação Administrativa:
Anderson Câmara

Supervisão de Produção
Angel Cabeza

Tradução:
Flávio Sabino

Revisão Gramatical:
Verônica Bareicha
Damião Nascimento

Revisão Técnica:
Carolina Coutinho
Graduada em Gastronomia e Culinária, além de cursos de extensão em Promotoria de Eventos e em Supervisão em Gastronomia, todos pela Universidade Estácio de Sá.

Diagramação:
Equipe Alta Books

Fechamento:
Luis Rodrigues

Impresso no Brasil.

ALTA BOOKS
EDITORA

Rua Viuva Claudio, 291 - Bairro Industrial do Jacare
CEP: 20970-031 - Rio de Janeiro – Tel: 21 3278-8069/8419 Fax: 21 3277-1253
www.altabooks.com.br – e-mail: altabooks@altabooks.com.br

Sumário

Notas de culinária

Todas as medidas de colheres são precisas: 1 colher de chá = 5 ml; 1 colher de sopa = 15 ml. Use ervas frescas a não ser que ervas secas sejam pedidas. Use sal comum e pimenta-do-reino moída na hora, caso não esteja indicado de outro modo. O uso de ovos caipiras é recomendado, exceto quando especificado um outro tipo. Receitas com ovos crus ou levemente cozidos devem ser evitadas por grávidas ou pessoas com problemas de saúde.

Introdução

A maioria das receitas desta coleção fica pronta em menos de meia hora e muitas delas podem ir para a mesa em apenas alguns minutos, mas cozinhar rápido não significa abrir mão do sabor ou sacrificar o paladar e a qualidade. Cozinhar rápido significa menos tempo na cozinha e mais tempo para realizar as tarefas do dia a dia. É perfeitamente possível criar, em questão de minutos, refeições completas e deliciosas para agradar as papilas gustativas e pratos para inspirar e impressionar.

Os capítulos estão divididos entre os principais ingredientes para facilitar a seleção. Neles, você encontrará pratos de diversos lugares do globo maravilhosamente representados. As receitas vão desde cremosos *curries* tailandeses com *chilli* e capim-limão ao salteado de pato ao mel (prato típico da culinária chinesa), aos sabores cítricos, condimentados e picantes do norte da África e chegando até as azeitonas e os tomates maduros do Mediterrâneo.

Estas receitas não dependem de ingredientes prontos. São pratos que podem ser preparados com ingredientes saudáveis, frescos e de boa qualidade. Com instruções simples de serem seguidas, dicas inteligentes e sugestões para adaptações de pratos simples, nunca será necessário ligar para o seu *fast food* de comida chinesa ou comprar uma lasanha congelada para colocar no seu micro-ondas porque você poderá fazer a sua, em casa.

sopas, entradas & lanches **rápidos**

Minissanduíches de frango e berinjela

Rendimento: 4 porções

2 peitos de frango sem pele, cada um com aproximadamente 150 g
2 colheres de sopa de azeite de oliva e um pouco mais para regar
1 berinjela pequena, cortada em fatias de aproximadamente 1 cm
1 pão *ciabatta* cortado ao meio, no sentido longitudinal
90 g de pasta de alho
1 punhado de folhas de rúcula
Sal e pimenta
150 g de mussarela fatiada

1 Aqueça a frigideira. Corte os peitos ao meio no sentido horizontal e regue com azeite. Frite por 5 a 7 minutos cada lado e reserve.
2 Repita a operação com a berinjela, desta vez fritando por apenas 2 minutos cada lado.
3 Preaqueça o forno. Regue os lados cortados das *ciabattas* com um fio de azeite, leve-os ao forno e deixe até dourar.
4 Espalhe a pasta de alho em uma das metades do pão e cubra com a rúcula. Por cima, coloque a berinjela e o frango. Tempere e regue com o caldo que sobrar do frango. Ponha a mussarela por cima e leve ao forno até derreter o queijo. Feche com a outra metade do pão e corte em 4 pedaços.

Sanduíche de pimentão assado, linguiça calabresa e rúcula

Rendimento: 2 porções
110 g de linguiça calabresa
2 *ciabattas*, cortadas ao meio
225 g de pimentão vermelho assado, em conserva, secos com papel-toalha
100 g de folhas de rúcula
1 colher de sopa de azeite extravirgem
Sal e pimenta

1 Preaqueça a chapa ou churrasqueira. Corte a linguiça ao meio, no sentido longitudinal e retire a película que a envolve.
2 Toste os dois lados das *ciabattas*, retire-as do fogo, e as mantenha aquecidas.
3 Asse a linguiça até tostada dos dois lados.
4 Ponha no meio das *ciabattas* o pimentão, a linguiça, um punhado de rúcula, regue com o azeite, tempere e coma enquanto ainda estiver quente.

É possível achar pimentões assados já prontos, em conserva, nos supermercados – são doces e macios, além de serem ótimas opções para os vegetarianos. Após abrir o vidro, conserve em geladeira por no máximo uma semana.

Panini de pimentão vermelho e queijo de cabra

Rendimento: 1 porção

1 baguete
2 colheres de sopa de maionese *light*
3 pedaços de pimentão vermelho em conserva, seco com papel-toalha
50 g de queijo de cabra em fatias
Pimenta-do-reino em grão, moída na hora
Algumas folhas de alface

1 Preaqueça o *grill* em temperatura média, corte a baguete ao meio e toste dos dois lados e espalhe neles a maionese.
2 Arrume os pedaços de pimentão por cima da maionese, cubra com as fatias de queijo e tempere com pimenta a gosto. Acrescente algumas folhas de alface e feche com a outra metade da baguete.

Linguiça no pão árabe com cebolas caramelizadas

Rendimento: 6 porções
200 ml de maionese
2 colheres de sopa de mostarda de Dijon
1 pitada de pimenta caiena
Sal e pimenta
12 linguiças de porco com ervas de boa qualidade
6 pães árabes (pode-se usar também tortilhas de farinha de trigo)
Um maço de folhas de rúcula
Um pote de 350 g de *chutney* de cebolas caramelizadas ou outro de sabor suave, para servir

1 Misture a maionese, a mostarda e a pimenta, tempere a gosto e reserve.
2 Acenda a churrasqueira e asse a linguiça por 10 a 12 minutos, virando para assar por completo.
3 Leve ao fogo também os pães, deixando-os tostar por 30 segundos cada lado. Coloque em cada um, um pouco de rúcula, duas linguiças, *chutney* e uma boa colherada de mostarda para finalizar.

Você também pode assar as linguiças no forno a 200°C (108°C para fornos de convecção) por 25 a 30 minutos. Neste caso, aqueça os pães numa frigideira por 30 segundos cada lado.

Feijão "esperto" na torrada

Rendimento: 2 porções

175 g de linguiça calabresa, sem pele, cortada ao meio e fatiada em pedaços de aproximadamente 1 cm
1 cebola roxa pequena, em fatias
1 pimentão vermelho, sem sementes, cortado em cubos de aproximadamente 1cm
1 pitada de pimenta malagueta seca, em flocos
1 colher de chá de sementes de funcho
410 g de feijão-manteiga lavado e seco
400 g de tomates picados
150 ml de água
Sal e pimenta
2 fatias grossas de *ciabatta*
1 colher de sopa de azeite de oliva extravirgem

1 Aqueça uma frigideira antiaderente funda e coloque a linguiça, a cebola, o pimentão, a pimenta em flocos e as sementes de funcho. Cozinhe levemente por 10 minutos mexendo os legumes junto com a gordura da linguiça.
2 Misture o feijão, o tomate e a água e tempere com sal e pimenta a gosto. Cozinhe em fogo baixo por 10 a 15 minutos ou até o pimentão ficar macio ou o feijão cozinhar levemente.
3 Enquanto isto, toste a *ciabatta* e regue com azeite. Ponha a mistura de feijão por cima e sirva.

Se você tiver feijão *cannellini* em seu armário de cozinha, pode usá-lo em substituição ao feijão-manteiga.

Pizza de mussarela defumada e presunto Parma

Ilustração nas páginas seguintes

Rendimento: 32 porções

2 pizzas frescas semiprontas
250 g de molho para pizza de tomate com ervas
150 g de mussarela defumada em cubos pequenos
6 fatias de presunto parma, cortadas em tiras
Sal e pimenta
30 g de folhas de rúcula
Azeite de oliva extravirgem para regar

1 Preaqueça o forno a 220°C (200°C para fornos de convecção). Ponha as pizzas em assadeiras antiaderentes. Espalhe bem o molho por cima das mesmas até o mais perto possível das bordas. Espalhe a mussarela e o presunto e tempere a gosto. Asse por 12 a 15 minutos até a massa dourar e a cobertura estar bem quente.
2 Coloque algumas folhas de rúcula por cima da pizza e regue com o azeite. Corte cada pizza em 16 fatias. Ponha em pratos e sirva quente ou à temperatura ambiente.

Croissants de tomate, linguiça e queijo emental

Rendimento: 4 porções

4 linguiças grossas (de sua escolha)
2 colheres de sopa de azeite de oliva
12 tomates cereja
Pitada de pimenta malagueta seca, em flocos
2 colheres de sopa de iogurte
4 *croissants* frescos
100 g de queijo emental fresco, ralado
Salsinha picada para decorar

1 Preaqueça o forno a 200ºC (180ºC para fornos de convecção). Tire a película das linguiças e retire seus recheios, descartando as películas.
2 Aqueça o azeite numa frigideira e ponha o recheio da linguiça para fritar por 4 a 5 minutos, mexendo de vez em quando até dourar e ficar crocante. Corte os tomates ao meio e leve à frigideira. Cozinhe por 3 a 4 minutos até os tomates desmancharem. Adicione a pimenta e mexa por 1 minuto. Junte o iogurte e cozinhe por 1 a 2 minutos até engrossar.
3 Abra os *croissants* no meio. Misture ao recheio 75 g do queijo emental e divida igualmente entre os *croissants*. Leve a um tabuleiro e espalhe o restante do queijo por cima. Asse por 5 minutos até o queijo derreter. Decore com a salsinha. Sirva quente ou morno.

Sopa de ervilha, alface e estragão

Rendimento: 4 porções
40 g de manteiga
6 cebolinhas fatiadas
675 g de ervilhas frescas ou congeladas
Folhas de 4 ramos de estragão
225 g de alface romana picada
1 litro de caldo de legumes quente
Sal e pimenta
2 colheres de sopa de iogurte
Agrião para decorar (opcional)

1 Derreta a manteiga em uma panela grande, em fogo médio e cozinhe as cebolinhas, mexendo sempre por 2 minutos. Misture ¾ da ervilha, metade do estragão e toda a alface. Deixe cozinhar por 1 minuto.
2 Acrescente o caldo de legumes e ferva. Cozinhe em fogo brando por 8 a 10 minutos, se as ervilhas forem frescas; 5 minutos, se as ervilhas forem congeladas ou até as mesmas ficarem macias.
3 Leve tudo a um liquidificador com o resto do estragão até atingir consistência homogênea. Coe em uma panela limpa. Coloque o resto da ervilha e cozinhe em fogo brando por 4 a 5 minutos até a ervilha ficar macia. Tempere a gosto.
4 Divida a sopa em tigelas. Coloque um pouco de iogurte em cada uma delas e decore com ramos de agrião, se quiser.

Sopa toscana de feijão com alecrim e pesto

Rendimento: 3 a 4 porções

2 colheres de sopa de azeite de oliva e mais um pouco para regar
1 cebola grande em rodelas
1 dente de alho grande picado
4 ramos de alecrim fresco
800 g de feijão-manteiga, lavado e seco
400 g de tomates picados com ervas
275 ml de caldo de legumes quente
Sal e pimenta
150 g de pesto verde pronto para usar

1 Aqueça duas colheres de sopa do azeite em uma panela. Coloque a cebola, o alho e as folhas de alecrim e cozinhe em fogo médio por 8 minutos ou até a cebola amolecer.
2 Adicione metade do feijão com o tomate picado. Misture tudo, mexendo e bata no liquidificador para obter consistência homogênea.
3 Leve a sopa de volta à panela. Junte o caldo e o resto do feijão. Aqueça até ficar bem quente.
4 Sirva em tigelas, regado com azeite e coloque uma boa colherada de pesto.

Sirva com pão *ciabatta* quente e alguns queijos italianos como uma sopa para aquecer em noites frias de inverno.

Sopa fria de abacate com salsa

Rendimento: 4 porções como almoço ou 6 porções como entrada

2 abacates maduros
suco de 1½ limão
1 pepino picado, sem casca e sem sementes
2 cebolinhas picadas
Pequeno punhado de caules e folhas de coentro (separados)
Gelo moído
400 ml de caldo de legumes frio
200 g de coalhada fresca
Molho de pimenta malagueta
Sal e pimenta
Azeite extravirgem.

Para a salsa

4 tomates-cereja, sem sementes, cortados em cubos
2 cebolinhas picadas
Molho de pimenta malagueta
Punhado pequeno de coentro fresco picado
Suco de ½ limão

1 Prepare a salsa misturando todos os ingredientes numa tigela. Tempere a gosto, cubra e leve à geladeira.
2 Faça a sopa. Corte os abacates ao meio e tire os caroços. Com uma colher, raspe o abacate e coloque-o no liquidificador ou processador. Junte o suco de limão, o pepino, a cebolinha, o coentro, o gelo e metade do caldo de legumes. Bata até atingir consistência homogênea. Coloque em uma tigela grande e adicione o resto do caldo de legumes, o iogurte e o molho de pimenta. Pique as folhas de coentro, coloque na sopa e tempere a gosto.
3 Divida a sopa em 4 a 6 tigelas. Coloque por cima de cada uma delas, uma colherada de salsa e regue com azeite.

Faça a salsa um dia antes, e deixe no refrigerador, coberto, até a hora de consumir. A sopa também pode ser congelada por até um mês. Descongele à temperatura ambiente. Mexa bem, e sirva ainda fria.

Ovos com maionese de mostarda e agrião

Rendimento: 2 porções
2 ou 3 ovos caipiras
20 g de agrião
Pitada de páprica

Para a maionese
1 ovo caipira
1 a 2 colheres de mostarda Dijon
Sal e pimenta branca
200 ml de óleo de amendoim ou de semente de uvas
1 a 2 colheres de sopa de azeite de oliva
1 a 2 colheres de chá de vinagre de vinho branco

1 Para fazer a maionese, coloque o ovo, meia colher de chá de mostarda e uma pitada de sal em um processador, ligue o motor e vá adicionando o óleo de amendoim aos poucos, em um filete contínuo. Pare o processador de vez em quando para raspar as bordas do mesmo. Depois de usar todo o óleo, a maionese deve estar clara e com consistência parecida com manteiga cremosa. Aí, misture o azeite e mostarda. Acrescente vinagre a gosto e tempere com mais sal, se necessário, e pimenta.
2 Para cozinhar os ovos, ponha-os em uma panela com água e deixe ferver em fogo brando por 5 a 6 minutos. Depois disto, passe os ovos para uma panela com água fria e quebre as cascas deixando-os na água, para esfriar, por 5 minutos.
3 Descasque os ovos e corte-os ao meio e arrume em dois pratos. Ponha um pouco de maionese em cima dos ovos e espalhe o agrião por cima. Adicione uma pitada de páprica, se desejar e sirva com pão integral com manteiga.

Se quiser uma maionese mais espessa, use duas gemas de ovos em vez dos ovos inteiros e talvez um pouco mais de óleo. Se quiser também um prato mais completo, coloque por cima dos ovos 100 g de camarões cozidos e descascados

Muffins tostados com salmão defumado

Rendimento: 2 porções

4 ovos médios
5 colheres de sopa de iogurte
1 colher de sopa de cebolinha fresca picada
Sal e pimenta
2 *muffins*
Manteiga
3 punhados de folhas jovens de espinafre
125 g de salmão defumado

1 Ferva 2,5 cm de água numa frigideira pequena, quebre os ovos e cozinhe-os ali por 1 minuto. Deixe descansar por 10 minutos para esfriar.
2 Enquanto isto, aqueça o iogurte em uma panela em fogo médio. Adicione a cebolinha e uma generosa pitada de pimenta. Corte os *muffins* ao meio e toste-os. Passe manteiga em cada uma das metades e coloque um pouco das folhas de espinafre e o salmão defumado.
3 Com uma escumadeira, tire os ovos da água e coloque-os por cima do salmão. Cubra com metade do iogurte. Misture a outra metade com o resto do espinafre e sirva com os *muffins*.

Esta é uma versão rápida dos "ovos Benedict", que usa qualquer sobra de salmão defumado que você tiver. Truta defumada também é uma boa opção.

Caranguejo picante na manteiga

Ilustrações nas páginas seguintes

Rendimento: 7 porções

2 ovos cozidos bem picados
400 g de carne de caranguejo fresca
2 colheres de sopa de maionese
40 g de manteiga derretida
1 colher de sopa de pimenta caiena e um pouco mais para salpicar
1 pitada grande de pimenta jamaicana, moída
Sal e pimenta
1 echalote cortada em fatias finas
1 punhado pequeno de folhas de manjericão

1 Junte os ovos, a carne, a maionese, a manteiga e os temperos numa tigela. Misture tudo e tempere a gosto. Divida em 6 tigelas ou potinhos de cerâmica e leve à geladeira até a hora de servir.
2 Sobre cada porção, coloque algumas fatias de echalote, um pouco de manjericão e pitadas de pimenta caiena. Sirva com pão francês quente ou torradas.

Você pode preparar este prato no dia anterior, cobrir e deixar na geladeira durante a noite. Sirva em temperatura ambiente. Se não conseguir carne de caranguejo fresca, use a congelada. Descongele na geladeira sem se esquecer de descartar o excesso de água do degelo.

Mexilhões ao coco com caldo de capim-limão

Rendimento: 4 porções

2 kg de mexilhões frescos;
1 colher de sopa de sementes de cominho
4 talos de capim-limão, sem a capa externa, com o interior amassado e bem picado
1 colher de sopa de gengibre
2 pimentas malaguetas (*chilli*) vermelhas sem sementes e picadas
2 dentes de alho picados
1 colher de sopa de óleo de girassol
400 ml de leite de coco
1 colher de sopa de molho de peixe tailandês (Nam pla)
Raspa e suco de 1 limão
6 colheres de sopa de coentro fresco picado

Para finalizar
Brotos de coentro
Pedaços de limão

1 Lave bem os mexilhões, tirando as rebarbas. Descarte aqueles com as conchas quebradas ou aqueles que não se fecham quando pressionados contra superfície rígida.
2 Amasse levemente as sementes de cominho com um pilão. Adicione o capim-limão, o gengibre, as pimentas, o alho e amasse bem até formar uma pasta.
3 Aqueça o óleo em uma panela grande (uma *wok*, de preferência). Jogue a pasta e cozinhe por 1 minuto, acrescente o leite de coco e deixe ferver. Adicione os mexilhões, cubra e cozinhe por 3 minutos ou até todos os mexilhões se abrirem, sacudindo a panela de vez em quando. Descarte aqueles que permanecerem fechados.
4 Adicione o molho de peixe, a raspa e o suco de limão e o coentro picado. Sirva em tigelas mornas, decore com o coentro e com os pedaços de limão.

Não é preciso muito mais do que um pouco de limão para apreciar esta rápida refeição. Se quiser transformá-la em uma grande ceia, sirva com arroz bem quente em papas.

carnes & aves **rápidas**

Wraps de carne ao Cajun

Rendimento: 4 porções

1 colher de chá bem cheia de tempero Cajun
4 colheres de chá de azeite de oliva
225 g de contrafilé bem limpo
1 cebola roxa grande, cortada em 8 pedaços
4 *wraps* (do tipo tortilla)
4 colheres de sopa de suco de limão
100 g de pasta de pimenta vermelha pronta
2 cenouras grandes raladas
100 g de folhas para salada

1 Preaqueça o forno ao máximo.
2 Enquanto isto, misture o tempero Cajun e o azeite numa tigela pequena e espalhe sobre os dois lados da carne. Coloque numa assadeira e espalhe as cebolas ao redor. Leve ao forno e deixe por 3 a 4 minutos. Vire, mexa as cebolas e deixe por mais 3 a 4 minutos ou até o ponto de sua preferência. Tenha cuidado para que as cebolas não queimem. Tire do forno e leve para uma tábua.
3 Aqueça os *wraps* de acordo com as instruções da embalagem. Misture a pasta com o suco de limão e espalhe por sobre os *wraps*. Cubra com a cenoura e as folhas. Corte a carne em bifes bem finos e divida juntamente com a cebola entre os *wraps*. Dobre ou enrole e sirva.

Estrogonofe de carne

Rendimento: 4 porções

225 g de arroz de grãos longos
500 g de carne bovina cortada em tiras finas
1 colher de chá de pimenta-do-reino em grãos, moída
1 colher de sopa de azeite de oliva
1 cebola cortada em rodelas finas
150 g de cogumelos de chapéus fechados, lavados e cortados ao meio
3 colheres de sopa de água
caixinha de 284 ml de creme azedo
2 colheres de chá de páprica
Pimenta

1 Cozinhe o arroz. Enquanto isto, coloque a carne em um recipiente, jogue por cima a pimenta em grãos e misture bem para temperar por completo. Reserve.
2 Aqueça o azeite numa frigideira em fogo médio, coloque a cebola e deixe por 3 a 4 minutos ou até cozinhar, mas sem dourar.
3 Adicione os cogumelos e cozinhe por 5 minutos. Aumente o fogo e coloque as tiras de carne para fritar por 4 a 5 minutos ou até secar e a carne ficar bem dourada. Despeje a água e deixe borbulhar para desgrudar da panela.
4 Acrescente boa parte do creme e metade da páprica e aqueça levemente. Experimente para checar o tempero.
5 Sirva o estrogonofe em pratos, cubra com o restante do creme, tempere com a páprica e pimenta-do-reino e acompanhe com o arroz.

Para uma versão ainda mais econômica, utilize lombo suíno. Comprar a granel é mais econômico e você ainda pode congelar o que não utilizar.

Carne apimentada com molho de echalotes

Rendimento: 4 porções

Para o molho

50 g de manteiga
4 echalotes em rodelas bem finas
4 colheres de sopa de conhaque
200 ml de vinho tinto
200 ml de caldo de carne quente, com meio cubo do caldo apenas
Sal e pimenta

Para a carne

Azeite de oliva para untar
2 colheres de sopa de pimenta em grãos moída
4 bifes de contrafilé ou de alcatra

1 Para fazer o molho, derreta 25 g de manteiga em uma frigideira grande em fogo médio. Coloque as echalotes e cozinhe por 2 a 3 minutos até amolecer. Despeje o conhaque e ferva por 1 minuto e adicione o vinho. Aumente o fogo e deixe ferver por alguns minutos para reduzir pela metade.
2 Acrescente o caldo de carne quente e deixe ferver para reduzir pela metade novamente. Junte o resto de manteiga, tempere e deixe em fogo baixo.
3 Enquanto isto, unte uma chapa ou frigideira com o azeite e leve ao fogo alto. Tempere os bifes com a pimenta moída e frite-os ao ponto de sua preferência.
4 Depois de retirar os bifes, deixe-os descansar por 2 minutos, dividindo-os entre 4 pratos. Regue com o molho e sirva com batatas fritas e tomates grelhados.

Tiras de bife de carne apimentadas

Rendimento: 2 porções

2 colheres de sopa de óleo vegetal
½ colher de chá de páprica picante
½ colher de chá de cominho moído
2 bifes grandes (de aproximadamente 200 g) cortados em tiras
Sal e pimenta
215 g de feijão preto
2 tomates maduros cortados em cubinhos
15 g de coentro picado e um pouco mais em ramos para decorar

1 Junte o óleo, a páprica e o cominho numa tigela média. Adicione a carne, tempere com sal e pimenta e misture bem. Reserve por 10 minutos para marinar.
2 Aqueça uma frigideira grande em fogo médio. Coloque a carne marinada e salteie por 1 a 2 minutos até dourar. Junte o feijão, os tomates cortados em cubos e um pouco de água. Deixe ferver em fogo baixo por 5 minutos até os tomates amolecerem.
3 Junte o coentro picado, divida entre quatro pratos e ponha por cima mais um ramo de coentro. Sirva com arroz basmati e uma colherada de guacamole.

Salteado de couve com carne e molho de feijão preto

Rendimento: 4 porções

1 ½ colher de sopa de amido de milho
2 colheres de sopa de molho de ostras
2 colheres de sopa de molho *shoyu*
Pimenta
700 g de bife de alcatra, limpos cortados em tiras
1 ½ colheres de sopa de óleo de amendoim (ou outro óleo sem sabor) e um pouco mais se necessário
250 g de couve sem os talos e bem rasgada
250 ml de caldo de legumes
2 colheres de sopa de molho de feijão preto

1 Coloque o amido de milho, o molho de ostras, o molho *shoyu* e a pimenta em uma tigela e misture bem. Coloque a carne para temperar.
2 Aqueça o óleo em uma frigideira (ou uma *wok*) até ficar bem quente. Mantendo sempre a temperatura bem alta, sele e frite a carne dos dois lados. Retire do fogo e deixe escorrer a gordura. Repita a operação com todos os bifes, adicionando mais óleo, se necessário. Reserve.
3 Esfregando com papel-toalha ou similar, retire o excesso de óleo da frigideira e ali mesmo salteie a couve por dois minutos. Acrescente o caldo de legumes e deixe cozinhar sem tampa, virando de vez em quando, até que a couve amacie e o caldo seja absorvido. Junte o molho de feijão e a carne. Misture e sirva com arroz ou macarrão oriental.

Enroladinhos de porco, pesto e mussarela

Ilustrado na página seguinte

Rendimento: 2 porções

2 escalopes de porco
2 a 3 colheres de sopa de pesto (de espinafre e parmesão ou de manjericão)
150 g de mussarela em 4 fatias
Sal e pimenta
3 colheres de sopa de azeite de oliva
75 ml de vinho branco
400 g de feijão-manteiga, escorrido e lavado
1 dente de alho grande amassado
Suco de 1 limão
1 colher de sopa de salsinha picada
Folhas de rúcula para servir (opcional)

1 Bata os escalopes até que fiquem com a metade de suas espessuras. Corte-os ao meio, no sentido da largura e esfregue o pesto. Ponha uma fatia de mussarela em cada pedaço, tempere com pimenta e enrole. Segure com um palito.
2 Aqueça metade do óleo numa panela e doure os enroladinhos e depois os frite em fogo médio por 6 a 8 minutos, virando-os uma vez. Retire o excesso de óleo, adicione o vinho e deixe até ferver por 3 minutos.
3 Enquanto isto, aqueça o feijão com o restante do óleo, o alho, o suco de limão, a salsa e o tempero em uma panela separada. Com uma colher, coloque em pratos com os enroladinhos e derrame por cima o molho que estiver ainda na panela. Retire os palitos e sirva com as folhas de rúcula, se assim quiser.

Bifes de pernil com mostarda e molho de sidra

Rendimento: 4 porções

4 bifes de pernil, cada um com aproximadamente 150 g
200 ml de sidra
2 colheres de sopa de mostarda granulada
200 ml de iogurte
Pimenta

1 Aqueça uma frigideira grande. Quando bem quente, frite os bifes dos dois lados por 3 a 5 minutos. Faça isto em duas etapas. Retire da frigideira e leve ao forno em fogo baixo apenas para mantê-los aquecidos.
2 Coloque a cidra numa panela e deixe ferver por 2 minutos em fogo baixo. Acrescente a mostarda. Retire do fogo e misture com o iogurte. Tempere com pimenta e sirva com verduras no vapor e purê de batatas.

Filé de porco com cogumelos e feijão

Rendimento: 2 porções

400 g de filé de porco limpo
1 dente de alho grande fatiado
3 colheres de sopa de azeite de oliva
2 pitadas de flocos de pimentas amassados
2 colheres de sopa de vinagre de xerez
Sal e pimenta
250 g de cogumelos planos em fatias grossas
400 g de feijão branco lavado e escorrido
2 colheres de sopa de ramos de salsinha com as folhas removidas e picadas e mais alguns ramos para decorar

1 Preaqueça o forno a 220 °C (200 °C para fornos de convecção). Enquanto isto, faça pequenos cortes na carne de porco e preencha com as fatias de alho. Leve a uma assadeira e esfregue com 1 ½ colher de sopa de azeite, com os flocos de pimenta e metade do vinagre. Tempere com sal e pimenta e asse por 10 minutos.
2 Retire do forno, vire e acrescente os cogumelos, o feijão, o restante do azeite e do vinagre. Misture tudo e deixe assar por mais 10 a 15 minutos.
3 Transfira a carne para uma tábua para descansar por 10 minutos antes de fatiá-la. Adicione a salsa picada à mistura de feijão e sirva com o porco. Espalhe o restante da salsa por cima.

Este prato prático pode ser servido também com uma simples salada de verduras.

Hambúrgueres de porco e maçã com queijo azul

Rendimento: 4 porções

450 g de carne de porco magra moída
1 maçã vermelha, com casca, sem as sementes e cortada em cubos
1 colher de chá de páprica
Sal e pimenta
Óleo para esfregar
4 pães de hambúrguer com gergelim, cortados ao meio
130 g de folhas para salada
1 pedaço de queijo azul, com 150 g, cortado em 4

1 Coloque a carne moída em uma tigela grande. Adicione a maçã e a páprica, tempere com o sal e a pimenta e misture bem com as mãos. Modele 4 bifes de hambúrgueres, achatando-os levemente.
2 Esfregue um pouco de óleo em uma chapa ou frigideira e leve ao fogo médio. Quando estiver quente, coloque os hambúrgueres e frite-os por mais ou menos 6 minutos de cada lado até dourarem e ficarem cozidos por dentro. Reserve para descansar.
3 Esfregue cada metade de pão com um pouco de óleo e leve a chapa com o lado cortado para tostar por alguns minutos.
4 Nas bases dos pães, coloque algumas folhas para saladas. Por cima, coloque um hambúrguer e uma fatia de queijo azul. Feche os hambúrgueres e sirva com salada de repolho e batatinhas de forno.

Para se adiantar, modele os hambúrgueres no dia anterior e conserve-os cobertos na geladeira. Antes de prepará-los, deixe-os voltar à temperatura ambiente.

Espetinhos de porco na vagem mentolada com queijo feta

Rendimento: 4 porções

1 filé *mignon* suíno de aproximadamente 450 g, limpo e cortado em 12 pedaços
12 batatinhas calabresas cozidas
suco de meio limão
2 colheres de sopa de azeite de oliva
1 punhado pequeno de alecrim bem picado
500 g de vagem fresca ou congelada
Sal e pimenta
1 punhado de folhas de hortelã
3 colheres de sopa de azeite extravirgem
150 g de queijo feta em migalhas

1 Preaqueça a grelha ou acenda a churrasqueira. Espete alternadamente três batatinhas e três pedaços de porco em 4 espetinhos de ferro (se os tiver) ou de madeira.
2 Misture o suco de limão, o azeite e o alecrim em uma tigela e use este molho para pincelar os espetinhos.
3 Cozinhe os espetinhos por 10 a 12 minutos, virando-os uma vez.
4 Enquanto isto, ferva a vagem em uma panela pequena de água com sal por 4 a 5 minutos até ficarem macias. Escorra e esfrie. Adicione à vagem um bom punhado de folhas de hortelã, o azeite extravirgem, sal e pimenta e o queijo feta. Divida em 4 pratos e sirva com os espetinhos por cima.

Pedaços de cordeiro com erva-doce e abobrinha

Rendimento: 4 porções

2 colheres de sopa de azeite de oliva
1 colher de chá de manteiga
4 colheres de sopa de pedaços de nozes
2 bulbos de erva-doce, cortados em tiras bem finas
3 abobrinhas verdes ou amarelas, cortadas em palitos
8 pedaços de cordeiro de aproximadamente 75 g cada
3 colheres de sopa de hortelã fresca picada
Raspa de 1 limão
1 colher de sopa de suco de limão
sal e pimenta

1 Preaqueça a grelha ao máximo. Esquente o azeite e a manteiga em uma frigideira grande e quando estiver bem quente, coloque as nozes. Cozinhe por 1 minuto ou até ficarem levemente tostadas. Transfira-as para uma tigela.
2 Coloque a erva-doce e a abobrinha na panela e cozinhe por 8 a 10 minutos em fogo médio até ficarem macias e levemente torradas.
3 Enquanto isto, leve os pedaços de cordeiro ao forno e cozinhe-os por 8 a 10 minutos ou até ficarem crocantes, mas róseos por dentro, virando-os aos poucos, de vez em quando.
4 Coloque os legumes cozidos em uma travessa e misture com as nozes, a menta, a raspa e o suco de limão, sal e pimenta. Sirva com o cordeiro.

Sirva com cuscuz marroquino amanteigado bem quente ou com *orzo.*

Cordeiro empanado com ervas finas e mostarda

Rendimento: 4 porções

2 colheres de sopa de alecrim bem picado
20 g de salsinha bem picada
4 colheres de sopa de migalhas de pão
Sal e pimenta
2 colheres de sopa cheias de mostarda Dijon
8 pedaços de cordeiro com uma boa capa de gordura
20 g de manteiga
1 alho-poró grande em fatias finas
240 g de ervilha congelada
150 ml de água

1 Preaqueça o forno a 220ºC (200ºC para fornos de convecção). Junte o alecrim, a salsinha e as migalhas com sal e pimenta e espalhe num prato.
2 Com uma faca, espalhe a mostarda Dijon pela capa de gordura e por cima de um dos lados dos pedaços de cordeiro e empane com a mistura de ervas. Leve a uma grade, em uma assadeira para assar com o lado empanado para cima e deixe assar por 20 minutos.
3 Enquanto isto, derreta a manteiga numa panela. Coloque o alho-poró e salteie em fogo médio por 6 a 8 minutos ou até amaciar. Junte as ervilhas, a água e tempere. Ferva, abaixe o fogo e deixe cozinhar por 3 a 4 minutos. Escorra o alho-poró e sirva com os pedaços de cordeiro.

Sirva também com batatinhas cozidas e geleia de groselha.

Pasteizinhos de cordeiro com *tzatziki*

Ilustrações na página seguinte

Rendimento: 4 porções

220 g de cuscuz marroquino
500 g de carne moída de cordeiro
1 abobrinha pequena ralada
1 colher de chá cheia de páprica defumada
Sal
100 g de folhas verdes para salada
200 g de *tzatziki*
Pimenta em pó, cominho moído, orégano e pimenta caiena (1 pitada de cada)

1 Ponha água para ferver, para o preparo do cuscuz marroquino e aqueça bem uma chapa.
2 Enquanto isto, coloque a carne de cordeiro em um recipiente grande e misture com a abobrinha ralada, a páprica e sal. Mexa bem e forme 12 pasteizinhos.
3 Sele os pasteizinhos na chapa e deixe por 3 minutos até dourarem dos dois lados.
4 Enquanto os pasteizinhos são cozidos, prepare o cuscuz marroquino de acordo com as instruções da embalagem. Quando ficar pronto, adicione as especiarias e misture bem.
5 Sirva o cuscuz marroquino com os pasteizinhos por cima, salada e uma boa colherada de *tzatziki* ao lado.

No formato de pasteizinhos, esses mini-hambúrgueres de cordeiro, também podem ser servidos em pão árabe morno. Se sua chapa não é antiaderente, use um pouco de óleo para não agarrarem.

Peitos de frango com estragão e *tagliatelle*

Rendimento: 4 porções

4 peitos de frango com pele
Sal e pimenta
Aproximadamente duas colheres de sopa de manteiga
1 colher de sopa de azeite de oliva
1 ½ colher de sopa de estragão fresco picado
Suco de limão
200 ml de *crème fraîche*
500 g de *tagliatelle* com alho e ervas ou convencional

1 Tempere o frango com sal e pimenta. Aqueça a manteiga e o azeite em uma frigideira grande. Doure os peitos do frango com a pele para baixo por 5 minutos. Vire e deixe cozinhar por 15 a 20 minutos, em fogo médio.
2 Ferva uma panela grande de água para a massa. Enquanto isso, misture o estragão e o suco de limão com o *crème fraîche*. Coloque a massa na água fervente e cozinhe por 5 minutos.
3 Descarte o excesso de gordura da frigideira. Jogue a mistura de *crème fraîche* e tempere. Cozinhe o frango e o molho juntos por 2 a 3 minutos. Depois, retire e fatie o frango.
4 Escorra a massa. Leve-a de volta à panela e despeje o molho por cima. Sirva com o frango fatiado.

Tortinhas de frango, presunto e mostarda

Rendimento: 2 porções

2 peitos de frango cozidos, sem pele e cortados em pedaços pequenos
110 g de presunto defumado cortado em pedaços pequenos;
1 colher de sopa de mostarda em grãos
1 colher de sopa de salsinha picada
2 colheres de sopa de ervilhas congeladas (não precisa descongelar)
375 g de massa folhada pronta e fresca
1 gema de ovo pequeno

Para o molho

275 ml de leite
25 g de farinha de trigo convencional
25 g de manteiga
50 g de queijo *cheddar* ralado
Sal e pimenta

Nota: Serão necessárias 2 tigelinhas de 275 g cada. (vide figura)

1 Preaqueça o forno a 200ºC (180ºC para fornos de convecção). Para fazer o molho, junte o leite, a farinha e a manteiga em uma panela e ferva levemente, mexendo sempre. Acrescente o queijo, mexa até derreter, tempere e sirva.
2 Ponha o molho em um recipiente e misture com o frango, o presunto, a mostarda, a salsinha e as ervilhas. Tempere com sal e pimenta.
3 Usando a borda de uma das tigelinhas para se ter uma ideia, corte a massa folhada em 2 círculos um pouco maiores do que a circunferência das mesmas. Divida o recheio entre as tigelinhas e pincele as bordas com um pouco da gema.
4 Cubra as tigelinhas com uma rodela da massa e pincele com o restante da gema. Leve a uma assadeira e asse por 15 a 20 minutos ou até dourarem.

Guarde o restante da massa folhada para outra ocasião. É de fácil congelamento.

Frango marroquino com ameixas secas e limão

Rendimento: 2 porções

Generosas pitadas de cominho, coentro, pimenta em pó
2 ½ colheres de sopa de óleo vegetal
Sal e pimenta
4 sobrecoxas com pele, cada uma com aproximadamente 125 g
8 ameixas secas sem caroço
1 limão pequeno, cortado em 8 pedaços
200 g de cuscuz marroquino
3 colheres de sopa de ervilhas congeladas
250 ml de caldo de legumes quente
1 colher de chá de manteiga
150 ml de iogurte natural para servir

1 Misture o cominho, o coentro e a pimenta com 2 colheres de sopa do óleo e uma pitada de sal e esfregue nas sobrecoxas;
2 Aqueça o restante do óleo numa frigideira grande, coloque as sobrecoxas, com a pele para baixo e doure em fogo alto. Vire o frango e jogue as ameixas e os pedaços de limão por cima. Cubra e cozinhe em fogo médio por 20 minutos virando de vez em quando.
3 Um pouco antes de servir, junte o cuscuz marroquino com as ervilhas congeladas numa tigela, coloque o caldo de legumes quente, mexa, cubra e deixe descansar por 5 minutos. Acrescente a manteiga, tempere e afofe com um garfo.
4 Sirva o frango, as ameixas e o limão (deixando o excesso de gordura na panela) com o cuscuz marroquino e o iogurte.

Se preferir, use damascos em vez de ameixas secas.

Frango tailandês rápido com *curry* verde

Rendimento: 4 porções

200 ml de leite de coco
3 colheres de sopa de pasta de curry verde tailandês
2 colheres de sopa de mel fluido
Suco de 1 limão
450 g de filés de peito de frango fatiados
1 punhado de coentro fresco picado

Para guarnecer

Coentro fresco picado
1 pimenta vermelha em finas fatias (opcional)

1 Em um recipiente não metálico raso, coloque o leite de coco e adicione a pasta de *curry*, o mel e o suco de limão e misture bem. Junte o frango, misture e reserve por 15 minutos.
2 Transfira tudo para uma panela e cozinhe em fogo brando por 12 a 15 minutos até o frango cozinhar e o molho engrossar. Acrescente um punhado de coentro picado.
3 Decore com mais coentro picado e pimenta vermelha em fatias (se preferir) e sirva com arroz *basmati*.

Pato ao mel com legumes salteados

Ilustração na página anterior

Rendimento: 4 porções

2 colheres de sopa de mel claro
4 colheres de sopa de *shoyu*
4 peitos de pato sem pele, cada um com aproximadamente 200 g, fatiados
1 colher de sopa de óleo vegetal
2 cenouras sem casca e cortadas em palitos
1 maço de cebolinha cortada em finas tiras
1 repolho chinês pequeno cortado finamente
Sal e pimenta

1 Misture o mel e o *shoyu* em uma tigela grande. Coloque o pato e passe o marinado por todo ele. Reserve por 5 minutos.
2 Aqueça o óleo em uma frigideira (ou *wok*). Reservando o marinado, e frite o pato no óleo por 2 minutos até dourar por completo. Retire e reserve.
3 Na frigideira, coloque as cenouras e salteie por 1 minuto. Junte as cebolinhas o repolho e o pato. Derrame o marinado por cima e frite por mais 2 a 3 minutos. A carne do pato deve ainda estar meio rosada por dentro. Tempere a gosto e sirva com arroz tailandês perfumado.

Se não conseguir achar peitos de pato sem pele, compre com pele e tire-a você mesmo(a). Esta receita também pode ser feita com peitos de frango. Apenas certifique-se de que estejam bem cozidos antes de servi-los.

Pato com figo, pinhão e cuscuz de hortelã

Rendimento: 3 porções

2 peitos grandes de pato
Sal e pimenta
225 g de cuscuz marroquino
1 punhado bem cheio de figos secos picados
275 ml de água fervente
40 g de pinoli torrados

Para finalizar

Hortelã fresca picada
150 g de iogurte natural

1 Aqueça uma frigideira em fogo alto. Faça cortes nos peitos de pato com uma faca bem afiada e tempere bem. Leve ao fogo com a pele virada para baixo. Abaixe o fogo para médio e cozinhe por aproximadamente 15 minutos, virando e descartando a gordura que ficar na frigideira. Deixe até dourar apenas por fora, mas que ainda fique róseo por dentro. Reserve para esfriar por 5 minutos e fatie em sentido diagonal.
2 Enquanto isso, coloque o cuscuz em uma tigela com os figos e tempere bem. Coloque sobre a água fervente, cubra com papel-filme e reserve por 5 minutos.
3 Solte os grãos de cuscuz com um garfo e misture com os *pinoli* e a hortelã picada. Divida em 3 pratos e coloque as fatias de pato por cima.
4 Misture um pouco da hortelã picada com o iogurte natural e sirva com o pato.

peixes & mariscos **rápidos**

Salada de lula apimentada com amendoim

Rendimento: 2 porções

1 pedaço de aproximadamente 2,5 cm de gengibre, sem casca e bem picado
2 colheres de sopa de molho de pimenta
Suco de 1 limão
3 a 4 colheres de sopa de óleo vegetal
6 lulas pequenas cortadas no meio, ao longo
2 colheres de sopa de farinha de milho
Sal e pimenta
120 g de ervas frescas para salada
½ pepino cortado ao meio, sem sementes, em fatias finas
2 colheres de sopa de amendoins torrados com sal, picados
300 g de broto de feijão

1 Primeiro, faça um molho, misturando o gengibre, molho de pimenta, o suco de limão e uma colher de sopa de óleo;
2 Faça cortes em forma de cruz nas lulas e seque com papel-toalha os tentáculos. Espalhe a farinha de milho num prato e tempere.
3 Aqueça 2 colheres de sopa de óleo numa frigideira até começar a chiar. Passe a lula na farinha e leve à frigideira. Frite por 2 a 3 minutos, colocando mais óleo se assim for necessário.
4 Coloque a salada em uma bacia grande e misture com o pepino, os amendoins e o broto de feijão. Junte a lula ainda quente e acrescente o molho. Sirva imediatamente.

Sirva este rápido salteado, sozinho ou com arroz cozido no vapor.

Camarões agridoces com limão

Rendimento: 4 porções

16 camarões grandes limpos;
2 colheres de sopa de azeite de oliva
1 dente de alho amassado
2 colheres de sopa de *shoyu light*
1 a 2 colheres de sopa de mel
2 limões
2 colheres de sopa de coentro picado
pitada de flocos de pimenta
Sal e pimenta
4 espetinhos de madeira

1 Mergulhe os espetinhos em água fria por no mínimo 30 minutos. Acenda a churrasqueira.
2 Enquanto isto, lave os camarões e seque com papel-toalha dando leves batidas. Coloque numa bacia e reserve. Misture o óleo, o alho, o *shoyu*, o mel, a raspa e o suco de 1 dos limões, o coentro, os flocos de pimenta e temperos. Coloque sobre os camarões e mexa bem. Cubra e deixe marinar na geladeira por 15 minutos.
3 Corte o outro limão em 4 pedaços. Espete 4 camarões e um pedaço do limão em cada espetinho. Leve à churrasqueira por 2 a 3 minutos, virando e pincelando com o restante do marinado, até que fiquem rosa e tenros. Sirva com uma salada de tomate.

Também pode ser preparado no *grill* em fogo médio por 8 a 10 minutos virando uma vez.

Camarões com manga e abacate

Rendimento: 4 porções para um almoço leve ou entrada

8 colheres de sopa de azeite de oliva suave
Suco de meia laranja
Punhado bem cheio de folhas de coentro e um pouco mais para decorar
Sal e pimenta
1 manga madura
2 abacates maduros
300 g de camarão cozido, sem casca, com o rabo

1 Misture o azeite, o suco e o coentro em uma bacia pequena para fazer o molho. Tempere e reserve.
2 Descasque e tire o caroço da manga e reserve. Corte os abacates ao meio e retire seus caroços, descartando as cascas. Fatie e divida em quatro pratos, juntamente com a manga e com os camarões. Tempere a gosto.
3 Salpique cada prato com o molho feito com o coentro e espalhe algumas folhas do mesmo antes de servir.

It was a poor
Liverpool's tie
our strongest team, but maybe my
gest team will be tired.
Reina 5; Carragher 6, Hypia
Goals: Crouch 10, Gerrard
Cisse, Agger, Carragher.
to bounce
Europe. If

Peixe e batata palito com molho de ervas

Rendimento: 2 porções

250 g de filé de solha (ou linguado), sem escamas
1 ovo pequeno
Sal e pimenta
50 g de migalhas de pão
350 g de batatas palito pré-fritas
6 colheres de sopa de maionese
1 colher de sopa de cebolinha picada
1 colher de sopa de suco de limão

1 Preaqueça o forno a 220ºC (200ºC para fornos de convecção). Fatie o peixe em palitos de aproximadamente 7,5 x 2,5 cm.
2 Bata o ovo com um pouco de sal e pimenta em uma bacia média e espalhe as migalhas de pão em um prato de tamanho grande.
3 Coloque as batatas numa assadeira e leve ao forno por 10 minutos. Enquanto as batatas cozinham, mergulhe os palitos de peixe primeiro no ovo e depois nas migalhas para empaná-los por completo. Retire a assadeira do forno, vire as batatas e coloque os pedaços de peixe empanados. Asse por mais 10 minutos até ficarem dourados e crocantes.
4 Misture em uma bacia pequena a maionese, a cebolinha, o suco de limão mexendo bem e temperando a gosto. Sirva as batatas e o peixe com um pouco de sal e com o molho para mergulhar..

Cavala defumada com batatas e linguiça calabresa

Rendimento: 4 porções

200 g de linguiça calabresa picada
2 cebolas pequenas picadas
900 g de batata, cortadas em cubos
250 g de tomate-cereja cortados ao meio
4 filés de cavala defumada, sem escamas
1 punhado bem cheio de folhas de salsa picadas

1 Aqueça uma frigideira grande antiaderente em fogo alto. Coloque a linguiça e frite, mexendo sempre por 2 minutos até que saia o máximo de gordura. Retire com uma escumadeira e reserve.
2 Abaixe o fogo e coloque as batatas e as cebolas na frigideira, misture bem no óleo da linguiça e deixe cozinhar por 12 minutos, mexendo de vez em quando, até as batatas cozinharem e as cebolas estarem douradas.
3 Junte a linguiça e os tomates. Amasse os filés de cavala com um garfo e coloque na frigideira. Mexa levemente e deixe cozinhar por 2 minutos até ficar bem quente. Acrescente a salsa. Divida em 4 pratos e sirva com salada de verduras.

Este prato pode ser congelado por até um mês. Descongele um dia antes de consumir e esquente numa frigideira com um pouco de óleo.

Cavala grelhada com tomates balsâmicos

Ilustrado nas páginas seguintes

Rendimento: 2 porções

2 colheres de sopa de azeite de oliva
2 echalotes bem picadas
1 dente de alho grande fatiado
25 g de tomate-cereja cortados em 4
4 filés de cavala de aproximadamente 100 g cada
Sal e pimenta
200 g de brócolis limpos
2 colheres de sopa de vinagre balsâmico de boa qualidade

1 Preaqueça a grelha. Aqueça metade do azeite em uma frigideira e frite as echalotes e o alho em fogo baixo por 4 a 5 minutos até amolecerem.
2 Coloque os tomates na frigideira e deixe cozinhar em fogo brando por 2 a 3 minutos.
3 Enquanto isto, esfregue o óleo nos dois lados dos filés de cavala e tempere com pimenta. Grelhe por 4 a 5 minutos virando para cozinhar por igual.
4 Cozinhe os brócolis em água e sal por 3 a 4 minutos até amaciar e escorra. Retire a mistura com os tomates do fogo, acrescente o aceto balsâmico e tempere. Sirva com os brócolis e com a cavala.

Este prato combina tomates, que são uma excelente fonte de licopeno e betacaroteno; cavala, rica em Ômega-3; e brócolis, que contém ácido fólico – que ajudam a combater o estresse e aliviar a tensão.

Hadoque defumado com molho florentino

Rendimento: 2 porções

225 g de folhas novas de espinafre
1 pitada de noz-moscada fresca moída
Sal e pimenta
250 g de hadoque defumado sem escamas
300 g de molho de queijo (ver página 67)
3 colheres de sopa de queijo parmesão ralado

1 Preaqueça o forno ao máximo. Leve as folhas de espinafre ao micro-ondas ou coloque em uma panela para murcharem. Retire todo e qualquer excesso de água e coloque as follhas deitadas em uma forma refratária de aproximadamente 23 x 19 x 4 cm. Tempere com a noz-moscada, sal e pimenta.
2 Ponha os filés de hadoque por cima das folhas de espinafre seguido do molho de queijo e do queijo parmesão.
3 Leve ao *grill* por 12 a 15 minutos ou até estar bem quente e dourado.

Palitinhos de salmão

Rendimento: 12 palitos

Raspa ou suco de ½ limão e pedaços do mesmo para servir

2 filés de salmão de aproximadamente 350 g cada, sem escamas

600 g de purê de batata

1 colher de sopa de ervas frescas picadas tais como salsa e cebolinha (opcional)

5 colheres de sopa de sementes de gergelim

5 colheres de sopa de sementes de linhaça

3 colheres de sopa de azeite de oliva

Pedaços de limão para servir

1 Espalhe o suco de limão por cima dos filés de salmão. Leve ao micro-ondas em potência alta por 3 minutos até ficar macio o bastante para amassar. Descarte qualquer líquido que sobrar.

2 Amasse o salmão em uma bacia e junte o purê de batatas, as ervas (se estiver usando-as) e a raspa do limão. Mexa para misturar bem.

3 Forre um tabuleiro com papel-manteiga e salpique com 3 colheres de sopa de linhaça e 3 colheres de sopa de gergelim. Despeje o purê com o salmão e use uma espátula para nivelar a uma altura de 2,5 cm. Corte na forma de 12 palitos, separando-os um pouco. Salpique o resto das sementes. Cubra e leve ao *freezer* por 15 minutos para endurecer ou congele por completo para o dia seguinte.

4 Preaqueça o forno a 220°C (200°C para fornos de convecção). Regue os palitos com azeite e cozinhe por 15 minutos ou por 20 a 25 minutos se congelados. Sirva com um pedaço de limão, brócolis, ervilhas e batatas palito.

Estes palitos de peixe podem ser preparados com antecedência e cozidos diretamente do congelador. Logo, faça uma maior quantidade de uma vez.

Salmão escalfado à tailandesa

Rendimento: 2 porções

125 g de arroz de grãos longos
1 colher de sopa de pasta de *curry* tailandês verde ou vermelho
200 ml de creme de coco
2 filés de salmão sem escamas, cada um com aproximadamente 150 g
100 g de vagem aparada
1 punhado de folhas de coentro frescas e mais um pouco para decorar

1 Cozinhe o arroz normalmente ou de acordo com as instruções da embalagem.
2 Enquanto isto, aqueça uma frigideira média. Coloque a pasta de *curry* e cozinhe, mexendo por alguns segundos. Despeje o creme de coco aos poucos e deixe cozinhar em fogo brando. Acrescente os filés de salmão, cubra e deixe cozinhar por 7 a 8 minutos, virando os filés de vez em quando.
3 Enquanto isto, cozinhe a vagem em água fervente até amolecer. Escorra e divida em dois pratos. Adicione o coentro ao molho. Coloque os filés por cima da vagem e espalhe o molho. Decore com coentro e sirva com o arroz.

Linguado com cogumelos e parmesão

Rendimento: 2 porções

Um pouco de manteiga e mais um pouco para untar
250 g de cogumelos castanhos fatiados
Sal e pimenta
4 filés grandes de linguado sem escamas, cada um com aproximadamente 315 g
2 colheres de sopa de azeite de oliva
Suco de limão
2 colheres de sopa de queijo parmesão ralado

1 Preaqueça o forno na temperatura máxima. Derreta a manteiga em uma frigideira e quando estiver bem quente, coloque os cogumelos e cozinhe por 7 a 8 minutos até amaciarem. Tempere bem.
2 Enquanto isto, arrume os filés em um refratário médio untado em uma única camada. Regue com azeite e o suco de limão, tempere bem e leve ao forno por 4 minutos.
3 Espalhe os cogumelos sobre o peixe e salpique com o queijo parmesão. Leve de volta ao forno por mais 3 a 4 minutos até o parmesão dourar e começar a borbulhar. Sirva imediatamente com batatinhas na manteiga e brócolis no vapor.

Esta receita também cai bem com bacalhau. Apenas aumente o tempo de cozimento para os filés, que são mais grossos.

Hoki no vapor com limão, pimenta e gengibre

Rendimento: 2 porções
400 g de filé de *hoki*
2 colheres de sopa de *shoyu*
2 colheres de sopa de caldo de legumes
1 colher de sopa de óleo de gergelim
1 colher de sopa de açúcar de confeiteiro
1 limão em fatias bem finas
1 pimenta vermelha sem sementes e fatiada
Pedaço de 5 cm de raiz de gengibre fresca, descascado e fatiado
3 cebolinhas fatiadas

1 Preaqueça o forno a 200ºC (180ºC para fornos de convecção). Coloque os filés de *hoki* em cima de duas folhas de papel laminado em formato de quadrados de aproximadamente 28 cm.
2 Misture o *shoyu*, o caldo de legumes, o óleo e o açúcar e espalhe um pouco em cada pedaço de filé. Por cima, coloque uma fatia de limão e salpique ainda a pimenta, o gengibre e a cebolinha. Feche, dando uma folga e leve a uma assadeira.
3 Asse por 15 minutos, deixe descansar ainda coberto por cinco minutos e sirva com arroz de jasmim e repolho chinês.

Esta receita cai bem com qualquer outro tipo de filé de peixe que tenha a carne firme e bem branca.

Filé de peixe frito com bacon

Rendimento: 4 porções
8 fatias de bacon
25 g de farinha de trigo
Sal e pimenta
2 colheres de sopa de óleo de girassol
45 g de manteiga sem sal
8 filés de 75 g ou 12 de filés de 50 g de linguado ou outro peixe similar
2 colheres de sopa de suco de limão
estragão, salsa e cebolinha (1 colher de chá de cada)

1 Aqueça uma frigideira em fogo alto. Frite o bacon e reserve, mantendo aquecido
2 Coloque a farinha em uma travessa e tempere. Ponha metade do óleo e 10 g de manteiga em uma frigideira e derreta em fogo baixo.
3 Passe os filés na farinha dos dois lados para empanar bem e tire o excesso.
4 Grelhe as fatias de bacon até estarem crocantes e douradas, mantenha-as aquecidas.
5 Aumente o fogo da frigideira. Quando a manteiga começar a espumar, coloque metade dos filés e frite em fogo médio/alto por 2 minutos de cada lado até dourar levemente. Leve os filés prontos a um prato e mantenha-os quentes. Limpe a frigideira e repita a operação para fritar o resto dos filés, usando o resto do óleo e outros 10 g da manteiga.
6 Limpe a frigideira mais uma vez com papel-toalha e coloque o restante da manteiga. Leve ao fogo médio. Quando a manteiga derreter e começar a ficar com coloração marrom, adicione o suco de limão e as ervas e retire do fogo. Tempere. Arrume os filés e os bacons em pratos e jogue por cima o molho de manteiga e sirva.

massas & arroz **rápidos**

Fusilli com camarão, ervilhas e vagem

Rendimento: 4 porções
375 g de *fusilli* ou *penne*
Sal e pimenta
200 g de ervilha congelada
220 g de camarão VG cozido e sem casca
25 g de folhas de salsa
15 g de folhas frescas de manjericão
Raspa de 1 limão pequeno
Suco de meio limão
200 ml de *crème fraîche*
110 g de vagem, cortada na metade

1 Cozinhe a massa em uma panela grande com água fervente salgada, até ficar *al dente*. Aproximadamente 4 minutos antes de a massa ficar pronta, junte à massa as ervilhas e a vagem.
2 Escorra a massa e os legumes e leve de volta à panela em fogo baixo. Acrescente os camarões, a salsa, o manjericão, a raspa de limão e o *crème fraîche* e tempere. Aqueça por 4 a 5 minutos ou até ficar bem quente.

Conchinhas com hadoque e brócolis

Rendimento: 4 porções

2 colheres de sopa de azeite de oliva
4 fatias de bacon picadas
2 dentes de alho bem picados
350 g de massa conchinha
Sal e pimenta
250 g de brócolis cortado em pedaços pequenos
200 ml de *crème fraîche*
400 g de hadoque defumado, sem escamas e cortados em pedaços grandes
raspa e suco de 1 limão pequeno

1 Aqueça o azeite de oliva em uma frigideira em fogo alto. Coloque o bacon e frite por 2 minutos. Junte o alho e frite até o bacon ficar crocante.
2 Cozinhe a massa em uma panela grande com água fervente e sal até ficar *al dente*. Perto do final do cozimento da massa, acrescente os brócolis e cozinhe por 3 a 4 minutos.
3 Enquanto isto, ponha o *crème fraîche* numa frigideira e derreta-o. Misture o hadoque e deixe cozinhar em fogo médio por 2 a 3 minutos ou até ficar opaco e cozido por completo.
4 Escorra a massa e os brócolis e leve de volta à panela com o hadoque, juntamente com a raspa e o suco de limão. Misture bem e sirva.

Penne com *pancetta*, mussarela e manjericão

Rendimento: 2 porções
200 g de *penne*
Sal
160 g de *pancetta* em cubos
2 dentes de alho grandes bem picados
240 g de tomates secos
Uma generosa pitada de pimenta em flocos
150 g de mussarela em cubos
20 g de folhas de manjericão picadas em pequenos pedaços
50 g de folhas de rúcula

Nota: Se não encontrar *pancetta*, pode substituir por bacon.

1 Cozinhe a massa em uma panela grande com água fervente e sal até ficar *al dente*.
2 Enquanto isto, aqueça uma frigideira e quando estiver bem quente, coloque a *pancetta* e frite por 3 a 4 minutos ou até dourar. Acrescente o alho e cozinhe por mais 1 minuto, mexendo sempre. Misture os tomates secos e a pimenta em flocos. Misture bem e retire do fogo.
3 Escorra a massa e leve de volta à panela. Junte a mistura de *pancetta*, a mussarela, o manjericão, a rúcula e misture tudo no fogo até o queijo derreter. Sirva imediatamente.

Penne com linguiça, erva-doce e alho

Rendimento: 4 porções

400 g de linguiça de porco de boa qualidade
2 colheres de sopa de azeite de oliva
1 cebola em rodelas bem finas
2 dentes de alho grandes bem picados
1 colher de chá de sementes de erva-doce
400 g de *penne* ou outra massa curta
Sal e pimenta
200 g de *crème fraîche*
100 g de folhas de rúcula

1 Aqueça uma frigideira. Corte a linguiça em cinco pedaços e frite-os em fogo alto por 8 a 10 minutos até dourarem e cozinharem.
2 Enquanto isto, aqueça o óleo em uma frigideira. Frite as rodelas de cebola por 5 minutos. Acrescente o alho e as sementes de erva-doce e cozinhe por mais 5 minutos.
3 Cozinhe a massa em uma panela grande com água fervente e sal por 8 a 10 minutos até ficar *al dente*. Escorra e leve de volta à panela com a linguiça, a mistura de cebola, o *crème fraîche*, a rúcula e um pouco de sal e pimenta. Aqueça levemente por 2 minutos antes de servir.

Orechiette com frango e alcachofra

Rendimento: 4 porções

375 g de *orechiette* (ou qualquer outro tipo de massa curta)
Sal e pimenta
1 colher de sopa de azeite de oliva;
1 cebola picada
4 filés de peito de frango, sem pele, cada um com aproximadamente 150 g, cortados em tiras de 1 cm
200 g de tomates cereja cortados ao meio
290 g coração de alcachofra grelhado em óleo, seco e cortado ao meio
95 g de pesto pronto de rúcula ou manjericão
85 g de folhas de rúcula

1 Cozinhe a massa em uma panela grande com água fervente e sal até ficar *al dente.*
2 Enquanto isto, aqueça o azeite em uma frigideira grande, coloque a cebola e frite em fogo médio por 3 minutos. Aumente o fogo, adicione o frango e continue a cozinhar por mais 8 a 10 minutos até dourar dos dois lados.
3 Acrescente os tomates e salteie por 1 minuto antes de acrescentar a alcachofra e o pesto. Aqueça e misture tudo com a massa escorrida, a rúcula e algum tempero.

Massa de forno com linguiça e espinafre

Ilustração nas páginas seguintes

Rendimento: 4 porções

1 colher de sopa de azeite de oliva
400 g de linguiça siciliana ou suína
315 g de *fusilli*
Sal
1 pimentão vermelho, sem sementes e picado
500 g de molho de queijo pronto
225 g de folhas jovens de espinafre
150 g de mussarela, cortadas em tiras

1 Aqueça o azeite em uma frigideira. Retire a pele das linguiças e ponha a carne para fritar, amassando com uma colher de pau.
2 Enquanto isto, cozinhe a massa em uma panela grande com água fervente salgada até o ponto *al dente*.
3 Acrescente o pimentão picado e frite com a linguiça por 12 a 15 minutos até ficar macio e a carne dourar.
4 Preaqueça o forno em potência máxima. Esquente o molho de queijo em uma panela pequena ou em micro-ondas até ficar bem quente.
5 Escorra a massa, preservando 2 colheres de sopa da água do cozimento. Leve a massa de volta à panela com o molho de queijo quente e metade do espinafre. Aqueça levemente, mexendo até o espinafre murchar. Depois coloque o resto do espinafre junto com a água do cozimento da massa e misture tudo.
6 Coloque metade da massa num refratário. Espalhe metade da linguiça com o pimentão e coloque o resto da massa. Espalhe o restante da linguiça e do pimentão por cima. Espalhe mussarela e leve ao forno até o queijo derreter e começar a dourar.

Linguine com tomate fresco e molho de azeitona

Rendimento: 4 porções

5 tomates maduros sem sementes e cortados em cubos
2 colheres de sopa de azeite de oliva extravirgem
50 g de folhas de rúcula picadas
100 g de azeitonas pretas e verdes, sem caroços e picadas
Sal e pimenta
400 g de linguine ou espaguete
75 g de queijo *gruyère* ralado e mais um pouco para servir

1 Ponha os tomates em uma bacia, acrescente o azeite, a rúcula e as azeitonas picadas. Tempere e reserve.
2 Cozinhe a massa em uma panela grande com água fervente e sal por 8 a 10 minutos ou até ficar *al dente*. Escorra e adicione a mistura de tomates e o queijo ralado. Mexa bem para que envolva toda a massa.
3 Sirva a massa em tigelas mornas com uma pitada de pimenta-do-reino e um pouco mais de queijo ralado por cima.

Linguine com alho-poró, bacon, ciabatta e pimenta

Rendimento: 4 porções

4 colheres de sopa de azeite de oliva;
½ pãozinho ciabatta, cortado em cubos
Generosa pitada de pimenta
seca amassada
1 dente de alho picado
Sal marinho
400 g de linguine ou espaguete
225 g de bacon defumado picado
450 g ou 4 alhos-porós
médios fatiados

1 Aqueça metade do azeite em uma frigideira grande. Coloque os cubos de *ciabatta* e mexa-os no azeite quente por 4 a 5 minutos ou até dourarem. No final, acrescente a pimenta, o alho e uma pitada de sal marinho.
2 Enquanto isto, cozinhe a massa em uma panela grande com água fervente salgada por 8 a 10 minutos ou até ficar *al dente*. Use o restante do azeite para fritar o bacon até ele ficar crocante. Misture também o alho-poró e cozinhe por mais 8 a 10 minutos ou até amaciar.
3 Escorra a massa, preservando 2 colheres de sopa da água do cozimento. Nesta água, misture o bacon, o alho-poró e os *croûtons* de *ciabatta*. Misture tudo e sirva.

Linguine com caranguejo, pimenta, limão e alho

Rendimento: 4 porções

100 ml de azeite de oliva;
1 pimenta sem sementes e picada
1 dente de alho grande picado
Raspas de 3 fatias de limão sem casca, bem picadas
Sal e pimenta
450 g de linguine
2 colheres de sopa de suco de limão
225 g de carne de caranguejo cozida
2 colheres de sopa de salsa picada
Pedaços de limão para servir

1 Junte o azeite, a pimenta, o alho e a raspa de limão em uma panela pequena e leve a fogo brando até começar a borbulhar. Retire do fogo e reserve.
2 Cozinhe a massa por 8 a 10 minutos ou até ficar *al dente*. Escorra e reserve.
3 Coloque a mistura de pimenta e limão na panela onde cozinhou a massa, acrescente o suco de limão e tempere. Aqueça até começar a borbulhar. Coloque a massa e a carne de caranguejo na panela e misture tudo em fogo médio para aquecer o caranguejo.
4 Adicione a salsa, tempere e sirva imediatamente com os pedaços de limão.

Tortellini com limão e abobrinha

Rendimento: 2 porções

25 g de *pinoli*

250 g de *tortellini* de queijo de cabra e pesto ou outra massa recheada com queijo

50 g de manteiga

1 abobrinha grande ralada

1 dente de alho amassado

Suco de ½ limão

Sal e pimenta

Folhas de manjericão frescas para salpicar

1 Cozinhe os *pinoli* em uma frigideira antiaderente grande até dourarem. Retire da frigideira e reserve.

2 Deixe a massa por 3 minutos em água fervente até cozinhar por completo. Escorra e reserve.

3 Derreta a manteiga na frigideira, coloque a abobrinha ralada e o alho amassado e cozinhe por 1 a 2 minutos, mexendo sempre. Junte o suco de limão e cozinhe por mais 30 segundos.

4 Retire do fogo, acrescente a massa e misture bem. Tempere a gosto. Divida em dois pratos e salpique por cima os *pinoli* e as folhas de manjericão para servir.

Massa com vagem, tomate, espinafre e queijo feta

Rendimento: 2 porções

25 g de *pinoli*
100 g de vagem aparada
250 g de conchinha ou outra massa de formato similar
Sal e pimenta
100 g de folhas jovens de espinafre
150 g de tomates-cereja cortados ao meio
3 colheres de sopa de molho de aceto balsâmico com azeite de oliva
100 g de queijo feta
1 punhado pequeno de folhas frescas de manjericão para decorar

1 Frite as *pinoli* em uma panela por 1 a 2 minutos até dourarem. Retire do fogo e reserve.

2 Na mesma panela, coloque água e ferva. Coloque a vagem e escalde por 2 minutos. Retire da fervura e refresque em água corrente fria. Isto lhes ajudará a manter sua cor verde clara. Reserve.

3 Coloque a massa na água fervente com uma pitada de sal e cozinhe por 8 a 10 minutos ou até ficar *al dente*. Escorra e lave a massa rapidamente em água corrente e leve de volta à panela.

4 Coloque as folhas de espinafre no escorredor e jogue por cima uma concha de água fervente para que eles murchem. Leve para água corrente para esfriar e esprema todo o excesso de água que puder. Misture o espinafre com a massa e junte a vagem, os tomates e o molho. Tempere.

5 Divida em duas tigelas. Salpique com os *pinoli* e o queijo feta ralado. Espalhe as folhas de manjericão e sirva.

Massa com aspargos, pesto de menta e ovos

Rendimento: 2 porções
250 g de massa à sua escolha
250 g de aspargos
4 fatias de *pancetta* (ou toucinho italiano)
1 punhado de folhas de hortelã fresca e um pouco mais para salpicar
100 ml de azeite de oliva de boa qualidade
50 g de queijo parmesão ralado e um pouco mais para salpicar
Pimenta
2 ovos

1 Cozinhe a massa até ficar *al dente*. Coloque os aspargos na água a dois ou três minutos antes do fim do cozimento.
2 Enquanto isso, preaqueça a frigideirax, coloque a *pancetta* e deixe dourar. Reserve. Coloque as folhas de hortelã num processador com o azeite e faça um purê. Acrescente o parmesão, a pimenta e reserve.
3 Cozinhe o ovo por 3 a 4 minutos.
4 Enquanto isto, escorra a massa e os aspargos e misture com o pesto de hortelã. Divida entre dois pratos e espalhe por cima a *pancetta*, o parmesão e o hortelã. Retire o ovo e coloque em cima da massa. Sirva imediatamente.

Jambalaia rápida

Rendimento: 4 porções

6 linguiças suínas
2 colheres de sopa de azeite de oliva
3 aipos fatiados
2 pimentões vermelhos, sem sementes e cortados em pedaços pequenos
½ colher de chá de pimentas secas trituradas
250 g de arroz integral
400 g de tomates amassados com alho e cebola
425 ml de caldo de galinha quente ou de legumes
Sal e pimenta
2 colheres de sopa de salsa picada (opcional)

1 Preaqueça o forno em potência máxima. Ponha as linguiças em uma assadeira e leve ao forno, deixando por 15 a 20 minutos ou até dourarem, virando uma vez.
2 Aqueça o azeite em uma frigideira ou *wok*. Coloque o aipo, os pimentões e frite-os por 2 a 3 minutos para amaciar. Junte a pimenta e o arroz e cozinhe, mexendo por 1 minuto antes de juntar os tomates, o caldo quente e algum tempero. Deixe cozinhar em fogo médio por 20 minutos, mexendo de vez em quando, até evaporar quase toda a água e o arroz cozinhar.
3 Quando as linguiças estiverem prontas, corte-as em pedaços e misture ao arroz. Salpique com salsa e sirva com uma salada de folhas verdes, se preferir.

Risoto de ervilha, abobrinha e cebolinha

Rendimento: 3 porções

2 colheres de chá de azeite de oliva
40 g de manteiga;
1 alho-poró pequeno ralado
250 g de arroz para risoto (arroz arbóreo, de preferência)
2 colheres de sopa de vinho branco seco
725 ml de caldo de legumes quente
100 g de abobrinha jovem fatiada
100 g de ervilhas de quebrar, cortadas ao meio
1 colher de sopa bem cheia de cebolinha fresca picada

1 Aqueça o azeite e metade da manteiga em uma panela grande. Acrescente o alho-poró e cozinhe por 3 a 4 minutos em fogo baixo. Junte o arroz. Adicione o vinho branco e cozinhe por 30 segundos, mexendo.
2 Acrescente o caldo de legumes e deixe cozinhando por 12 minutos, adicionando a abobrinha e as ervilhas nos 5 minutos finais de cozimento.
3 Coloque o restante da manteiga e a cebolinha e deixe descansar por 5 minutos fora do fogo antes de servir.

Frango na chapa e salmão defumado são dois ótimos acompanhamentos para este prato.

Risoto de linguiça e vinho tinto

Rendimento: 4 porções

1,3 litros de caldo de galinha ou carne
60 g de manteiga
1 cebola grande picada
400 g de linguiça siciliana ou outra de boa qualidade (só o recheio, sem a pele)
250 g de arroz para risoto (arroz arbóreo, de preferência)
120 ml de vinho tinto robusto (de sabor encorpado)
1 punhado de salsa picada
60 g de queijo parmesão ralado na hora
Sal e pimenta

1 Ferva levemente o caldo em uma panela grande.
2 Enquanto isto, aqueça 40 g de manteiga em uma panela de fundo pesado. Coloque a cebola e cozinhe em fogo médio por 3 minutos, mexendo sempre. Aumente o fogo e coloque a carne. Cozinhe, mexendo, até corar, quebrando os pedaços com um garfo. Coloque o arroz e mexa por 2 minutos. Adicione o vinho, mexa e deixe quase todo o líquido evaporar.
3 Vá acrescentando o caldo aos poucos com uma concha, à medida que ele evapora. O arroz levará de 18 a 25 minutos para cozinhar. Quando pronto, ele deve estar macio, mas *al dente*. Se o caldo acabar antes de chegar a este ponto, use água fervente.
4 Retire do fogo e acrescente a salsa, o queijo parmesão e o restante da manteiga. Tempere a gosto. Cubra e deixe descansar por 5 minutos antes de servir.

Risoto de hadoque defumado e presunto de Parma

Rendimento: 2 porções
40 g de manteiga
4 cebolinhas picadas
175 g de arroz arbóreo
570 ml de caldo de legumes quente
85 g de presunto de Parma em fatias
100 g de aspargos cortados em pedaços de 5 cm
110 g de hadoque defumado, sem escamas e corado em pedaços
Pimenta

1 Derreta a manteiga em uma panela de fundo pesado. Adicione a cebolinha e frite por dois minutos. Acrescente o arroz e coloque o caldo. Deixe ferver e cozinhe por 10 minutos, mexendo de vez em quando.
2 Enquanto isto, frite as fatias de presunto em uma frigideira e reserve.
3 Junte o aspargo ao arroz, junto com o hadoque. Tempere com pimenta e mexa por 8 a 10 minutos ou até o arroz ficar macio.
4 Pique as fatias de presunto, junte ao risoto e sirva com o restante do parma fatiado por cima.

Frango com pimentão vermelho e *noodles*

Rendimento: 4 porções

20 g de folhas frescas de hortelã

4 filés de peito de frango, sem pele, cada um com aproximadamente 150 g, cortados em tiras finas

1 pimentão vermelho grande, sem sementes, fatiado

1 pedaço pequeno de gengibre, sem casca e ralado

2 dentes de alho bem picados

200 g de ervilhas de quebrar

4 colheres de sopa de molho de ostra

1 colher de sopa de óleo vegetal

4 colheres de sopa de castanhas de caju sem sal

600 g de macarrão oriental (do tipo *noodles*, ou outra massa similar)

1 Pique a maior parte das folhas de hortelã, preservando um pouco das menores para decorar. Coloque as tiras de frango em uma bacia, juntamente com a pimenta, o gengibre, o alho, a hortelã picada, a ervilha e o molho de ostras e misture bem.

2 Aqueça o óleo em uma *wok*. Coloque as castanhas de caju, cozinhe-as por 2 a 3 minutos até dourarem, e reserve.

3 Leve o frango e os outros ingredientes misturados à *wok* em duas levas e cozinhe em fogo alto por 3 a 4 minutos, transferindo a primeira leva para um prato enquanto prepara a segunda. Depois, volte tudo (as duas levas, juntamente com as castanhas de caju e o macarrão) para a *wok*, aqueça, mexendo por 5 minutos e sirva.

Laksa com frango e camarão

Rendimento: 2 porções
600 g de sopa de frango tailandesa
250 g de macarrão de arroz (ou bifum) tailandês
200 g de camarões grandes cozidos e descascados
Suco de limão a gosto
Sal e pimenta

Para finalizar
Amendoim torrado picado
Folhas de coentro picadas

1 Ferva a sopa em uma panela grande em fogo médio e deixe assim em fogo baixo.
2 Adicione o bifum e deixe cozinhar por 2 minutos, mexendo de vez em quando, até o bifum começar a amaciar. Acrescente os camarões e o suco de limão a gosto. Cozinhe por 1 a 2 minutos para aquecer e tempere a gosto.
3 Divida a sopa em duas tigelas e salpique com o amendoim e as folhas de coentro picadas.

Se não achar a sopa de frango tailandesa, use creme de sopa de galinha e acrescente pimenta em flocos e um punhado de folhas de coentro frescas, se preferir. Você também pode colocar um pouco de capim-limão picado e galangal (também conhecido como gengibre tailandês).

Bifum com carne e legumes

Ilustração nas páginas seguintes

Rendimento: 4 porções

250 g de bifum
500 g de carne em bifes finos (de corte macio, para fritar)
Sal e pimenta
1 colher de sopa de óleo vegetal
1 punhado de cebolinha, cortada em diagonal
150 g de broto de feijão
3 repolhos chineses cortados ao longo
50 g de amendoim torrado picado
3 colheres de sopa de *shoyu* e um pouco mais para servir
Punhado pequeno de folhas de coentro para guarnecer

1 Coloque o bifum num recipiente grande e cubra com água fervente, deixando por 2 minutos até amaciar. Escorra e lave em água corrente. Deixe descansar em água fria para não grudar.
2 Tempere os bifes. Aqueça uma frigideira grande ou uma *wok*, coloque os bifes e sele por 1 a 2 minutos cada lado para que eles fiquem tostados por fora, mas malpassados por dentro. Deixe descansar por 5 minutos e fatie.
3 Escorra o bifum. Aqueça o óleo na própria frigideira ou *wok* e refogue as cebolas, juntamente com o broto de feijão e o repolho chinês por 2 a 3 minutos. Misture o bifum e quase todo o amendoim. Regue com *shoyu* e refogue, mais uma vez, por 1 minuto para esquentar. Tempere a gosto.
4 Divida em quatro tigelas. Coloque a carne por cima com o resto do amendoim, com as folhas de coentro e mais *shoyu*.

Você pode substituir o repolho chinês por ervilhas previamente escaldadas.

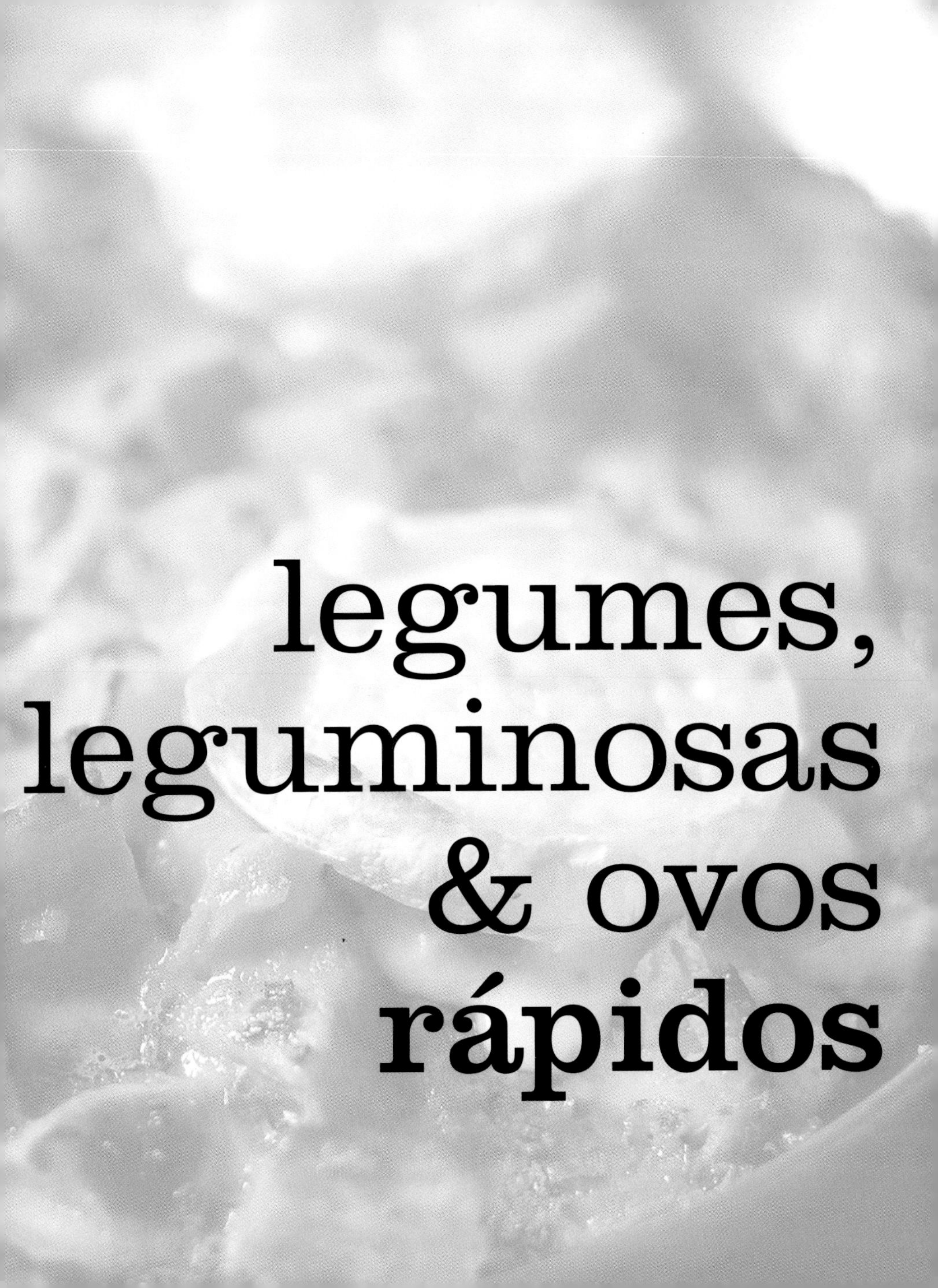

legumes, leguminosas & ovos **rápidos**

Moussaka vegetariana rápida

Rendimento: 4 porções

1 berinjela grande ou duas pequenas, cortadas em rodelas de 5mm de espessura
azeite de oliva
700 g de molho pronto de tomate com ervas
400 g de lentilhas verdes cozidas e escorridas
2 colheres de sopa de migalhas de pão

Para o molho:

40 g de manteiga
400 g de farinha de trigo
500 ml de leite
Sal e pimenta

1 Preaqueça o forno em potência média. Espalhe um pouco de azeite nos dois lados das rodelas de berinjelas e coloque-as numa grade para levar ao forno. Deixe lá por 5 a 7 minutos dos dois lados até elas amaciarem.
2 Para fazer o molho, derreta a manteiga. Retire a panela do fogo e acrescente a farinha. Junte o leite aos poucos. Leve a panela de volta ao fogo, mexendo sempre até engrossar. Tempere a gosto.
3 Enquanto isso, coloque o molho de tomate e as lentilhas em uma panela e aqueça, mexendo de vez em quando até esquentar bem.
4 Assim que o molho branco estiver pronto, alterne camadas de berinjelas, molho branco e molho de tomate em um refratário. Termine com uma camada de molho branco. Salpique com as migalhas e leve de volta ao forno até dourar e ficar crocante.

Panquecas de cogumelos

Rendimento: 3 porções

25 g de manteiga
1 colher de sopa de azeite de oliva
1 alho-poró pequeno em fatias grossas
175 g de cogumelos frescos fatiados
125 g de cogumelos ostra cortados ao meio
500 g de molho de queijo pronto
400 g de panquecas prontas
20 g de folhas de salsa picadas
1 colher de sopa de suco de limão
Sal e pimenta
50 g de queijo parmesão fresco ralado

1 Preaqueça o forno em temperatura máxima. Aqueça o azeite e a manteiga numa frigideira. Coloque o alho-poró e cozinhe por 5 minutos. Junte os cogumelos e cozinhe por mais 5 a 8 minutos ou até amolecerem.
2 Enquanto isso, aqueça o molho de queijo em uma panela ou no micro-ondas de acordo com as instruções da embalagem. Misture a salsa e o suco de limão e os cogumelos, tempere a gosto e mexa para misturar.
3 Recheie e enrole as panquecas com a mistura de cogumelos e coloque-as num refratário. Jogue o molho de queijo por cima, salpique com o queijo parmesão e leve ao forno por 5 minutos.

Curry de espinafre e grão de bico

Rendimento: 2 porções

1 colher de sopa de azeite de oliva
1 cebola fatiada
1 dente de alho grande amassado
420 g de molho de curry à sua escolha (preferencialmente o bhuna chicken)
150 ml de água
100 g de vagens, cortadas ao meio
12 tomates-cereja, cortados ao meio
410 g de grão-de-bico cozido e escorrido
150 g de folhas jovens de espinafre
Sal e pimenta

1 Aqueça o óleo em uma frigideira funda. Coloque as cebolas e frite por 8 a 10 minutos em fogo médio até amolecerem. Acrescente o alho e cozinhe por mais 1 minuto. Adicione o molho curry e a água. Deixe ferver, mexendo de vez em quando.

2 Junte a vagem, os tomates, e o grão de bico e deixe cozinhar, com a panela coberta por 10 minutos antes de colocar metade do espinafre. Cozinhe por mais um minuto aproximadamente ou até o espinafre murchar. Tempere a gosto e sirva.

Sirva com pão *naan* morno e *chutney* de limão ou picles.

Tofu frito com legumes de verão

Rendimento: 4 porções

349 g de tofu de seda
1 ½ colher de sopa de sementes de gergelim
5 colheres de sopa de óleo vegetal
6 cebolinhas fatiadas em diagonal
250 g de cogumelos frescos, cortados ao meio
200 g de vagem, cortada na metade
150 ml de água
2 repolhos chineses cortados ao meio
195 g de molho *hoisin* ou outro molho oriental

1 Corte o tofu em cubos de 2,5 cm e seque em toalha de papel.
2 Aqueça uma *wok* ou uma frigideira funda e torre as sementes de gergelim por alguns segundos. Transfira para uma tigela. Coloque o óleo na frigideira ou *wok* e quando esquentar bem coloque o tofu. Frite por 6 a 8 minutos, virando de vez em quando até dourar. Transfira para uma camada dupla de papel toalha.
3 Descarte o óleo deixando apenas uma pequena quantidade deste na frigideira para refogar as cebolinhas, as vagens e os cogumelos por 1 minuto. Depois coloque a água e deixe cozinhar por mais 1 a 2 minutos. Junte o repolho e cozinhe por 1 minuto. Depois disso, acrescente o tofu, o molho e as sementes de gergelim. Misture bem por 2 minutos. Sirva com arroz *basmati*.

Tofu é reconhecidamente um inibidor do colesterol no sangue. As cebolas têm propriedades antibacterianos e contêm flavonoides que ajudam no combate a doenças cardiovasculares.

Torta de pimentão, azeitona e tomate

Rendimento: 2 porções

375 g de massa folheada;
2 colheres de sopa de pasta de azeitonas pretas
185 g de pimentão vermelho assado, em conserva, fatiado (reserve um pouco do óleo)
125 g de mussarela
Pimenta
2 tomates-ameixa bem maduros, cortados em 4
um punhado cheio de folhas de rúcula

1 Preaqueça o forno a 200°C (180°C para fornos de convecção). Corte a massa ao meio e forre uma assadeira. Ponha o restante para congelar.
2 Espalhe a pasta pela massa deixando uma pequena borda. Espalhe também o pimentão e coloque por cima o queijo. Tempere a gosto com a pimenta.
3 Asse por 15 minutos. Jogue os tomates por cima e leve ao forno por mais 10 minutos, ou até a massa ficar bem assada e dourada. Espalhe por cima algumas folhas de rúcula e regue com o óleo reservado. Corte ao meio para servir.

Brusqueta de pimentão e queijo de cabra

Rendimento: 4 porções

4 fatias de *ciabatta* de aproximadamente 2 cm, cortadas na diagonal
4 colheres de chá de pesto fresco
100 g de queijo de cabra, gelado e cortado ao meio
2 pimentões vermelhos assados em conserva
2 colheres de sopa de *pinoli* fritos ou torrados

1 Preaqueça o forno em temperatura máxima. Grelhe as fatias de *ciabatta* até dourarem e espalhe nelas o pesto. Coloque um pedaço de queijo em cima de um pimentão e enrole.
2 Repita a operação com o resto de pimentão e de queijo e corte em rodelas de 2 cm cada. Coloque três fatias em cada pedaço de *ciabatta* e grelhe até começar a dourar. Espalhe os *pinoli* por cima e sirva com folhas para salada.

Cogumelos recheados com pesto de rúcula

Ilustração nas páginas seguintes

Rendimento: 2 porções

2 dentes de alho amassados
25 g de folhas de rúcula
5 colheres de sopa de azeite de oliva extravirgem
65 g de farelo de pão fresco
Sal e pimenta
150 g de queijo *camembert* cortado em 8 pedaços
1 tomate grande
4 cogumelos portobello grandes sem o talo

1 Junte o alho, a rúcula e o azeite num processador e bata até obter um óleo bem grosso e verde. Junte 50 g de migalha e um pouco de tempero e misture bem. Reserve.
2 Aqueça o forno a 200ºC (180ºC para fornos de convecção). Corte o tomate em 4 fatias. Coloque uma fatia dentro de cada cogumelo e tempere a gosto. Divida o pesto igualmente entre os cogumelos.
3 Em cima de cada cogumelo, coloque uma fatia de queijo e coloque numa assadeira. Salpique com o restante das migalhas. Asse por 12 a 15 minutos até as migalhas ficarem levemente douradas e o queijo derreter.
Sirva dois cogumelos em cada prato com um pouco de folhas de salada e pão.

Ragu de cogumelos com tomilho e vinho tinto

Rendimento: 2 porções

1 colher de sopa de azeite de oliva
1 cebola picada
200 g de cogumelos planos grandes cortados ao meio e em fatias grossas
1 colher de sopa de purê de tomate
100 ml de vinho tinto
100 ml de caldo de legumes quente
Um pouco de folhas de tomilho
Sal e pimenta

1 Aqueça o azeite em uma panela grande em fogo médio. Coloque a cebola e cozinhe por 5 minutos até amaciar.
2 Junte os cogumelos, cubra e deixe cozinhar por 5 minutos até que os cogumelos liberem líquido. Destampe e cozinhe por mais alguns minutos para o líquido evaporar e acrescente o purê de tomate. Deixe cozinhar por 30 segundos e coloque o vinho. Deixe borbulhar por alguns minutos até reduzir pela metade.
3 Junte o caldo de legumes quente com algumas folhas de tomilho e deixe borbulhar até reduzir um pouco. Tempere a gosto. Sirva com brócolis cozido no vapor e purê de batata.

Falafel rápido com molho *harissa*

Rendimento: 2 a 3 porções

410 g de grão-de-bico em conserva, escorrido
3 cebolinhas picadas
½ colher de chá de cominho moído
1 colher de sopa de pasta de harissa
1 limão
Sal e pimenta
1 colher de sopa de azeite de oliva

Para o molho:

1 colher de sopa de pasta de harissa
2 colheres de sopa de azeite de oliva
1 cebolinha picada

1 Coloque o grão-de-bico em um processador junto com as cebolas, o cominho e a pasta de *harissa*.
2 Esprema ½ limão e junte 1 colher de sopa do suco ao grão-de-bico. Corte a outra metade do limão em pedaços para a hora de servir. Reserve o restante do suco para o molho. Tempere e bata até atingir consistência homogênea. Com a mistura, faça 6 bolinhos pequenos.
3 Aqueça o azeite em uma frigideira em fogo médio. Frite os bolinhos por 3 a 4 minutos ou até dourarem.
4 Enquanto isso, faça o molho. Misture a pasta de *harissa*, o azeite e o restante do suco de limão (a gosto) em uma tigela. Tempere a gosto e junte as cebolinhas picadas.
5 Divida os bolinhos em 2 ou 3 pratos e regue com o molho. Sirva com pedaços de limão, rúcula e *ciabatta*, se desejar.

Espetinhos de legumes com queijo *Haloumi*

Rendimento: 4 porções

50 g de manjericão fresco
8 colheres de sopa de azeite de oliva
Sal e pimenta
250 g de queijo haloumi, cortado em cubos
1 pimentão vermelho grande, sem sementes e cortado em cubos
6 cogumelos cortados ao meio
1 abobrinha em cubos
2 colheres de sopa de *pinoli*
400 g de espaguete

Nota: Você também vai precisar de 8 espetinhos de madeira ou de bambu.

1 Acenda a churrasqueira. Molhe os espetinhos com água fria e deixe-os mergulhados nela, por meia hora.
2 Enquanto isto, coloque num processador o manjericão, o azeite e condimentos a gosto e bata até adquirir consistência de purê. Coloque 2 colheres de sopa da mistura em uma tigela grande. Coloque o queijo e os legumes e misture bem.
3 Enquanto isto, aqueça uma frigideira em fogo médio. Coloque os *pinoli* e frite-os a seco por 3 a 4 minutos, mexendo ocasionalmente até tostarem. Reserve.
4 Espete os pedaços de legumes e de queijo alternadamente nos espetinhos e leve-os à churrasqueira cozinhando por 10 minutos virando até os legumes ficarem macios.
5 Enquanto isto, cozinhe o espaguete *al dente*. Escorra e leve de volta à panela, misturando com o resto da mistura de manjericão e azeite e com os pinoli. Divida em 4 tigelas, salpique com manjericão e sirva junto com os espetinhos.

Para fazer dentro de casa, cozinhe os espetinhos enrolados em papel laminado no forno ou na chapa por 10 minutos até tostarem. Esta receita faz mais do que o suficiente da mistura de manjericão. Use-a em salada de massas ou de tomate por no máximo 24 horas.

Fritada de alecrim, cebola roxa e agrião

Ilustração nas páginas seguintes

Rendimento: 2 porções
2 colheres de sopa de azeite de oliva
Manteiga
1 cebola roxa fatiada
6 ovos
2 colheres de sopa de alecrim
fresco picado
Sal e pimenta
85 g de agrião picado
110 g de queijo *gruyère*
em cubos

1 Aqueça o azeite e a manteiga em uma frigideira antiaderente e quando borbulhar, coloque a cebola. Cozinhe por 5 a 7 minutos em fogo médio até a cebola amaciar.
2 Preaqueça o forno em temperatura máxima. Bata os ovos, o alecrim e um pouco de sal. Salpique o agrião e o queijo em cima da cebola e misture. Depois disso, jogue o ovo batido por cima e cozinhe por 3 a 4 minutos, ou até ficar meio firme e um pouco molhado por cima.
3 Leve a frigideira, ou ao forno, e cozinhe por mais 3 a 4 minutos até ficar levemente dourado e firme. Corte em triângulos ou quadrados e sirva.

O agrião é uma das melhores fontes de vitaminas C, B1, B6, K e E, ferro, cálcio, zinco e magnésio. Todos importantes para a saúde em geral. O alecrim tem conhecidas propriedades anti-inflamatórias reconhecidamente benéficas para as pessoas que sofrem de artrite e asma.

Fritada de queijo, batata--doce e queijo de cabra

Rendimento 4 porções

1 kg de batata doce descascada e cortada em pedaços de 2,5 cm aproximadamente
Sal e pimenta
2 colheres de sopa de azeite de oliva
1 cebola fatiada
6 ovos médios
10 g de alecrim fresco picado
½ colher de chá de pimenta em flocos amassada
100 g de queijo de cabra fatiado

1 Preaqueça o forno em temperatura alta. Cozinhe a batata em água com sal em uma panela tampada por 4 a 5 minutos ou até amaciar.
2 Enquanto isto, aqueça 1 colher de sopa de azeite em uma frigideira antiaderente e cozinhe levemente a cebola. Escorra as batatas, junte com a cebola e o restante do óleo e cozinhe por 3 minutos.
3 Bata os ovos, o alecrim e a pimenta em uma tigela, tempere e despeje a mistura sobre a cebola. Cozinhe em fogo médio, sacudindo a panela de vez em quando e puxando as bordas da fritada para que o ovo cozinhe uniformemente. Quando as bordas e o fundo estiverem cozidos, retire do fogo depois de 5 minutos.
4 Arrume as fatias de queijo de cabra por cima da fritada e leve ao forno por 4 minutos até o queijo começar a derreter e a parte de cima estar firme. Sirva com salada de verduras e *chutney*.

Omelete de abobrinha e salmão defumado

Rendimento: 2 porções

4 ovos grandes
2 colheres de chá de água
1 abobrinha ralada
1 punhado de cebolete picada e um pouco mais para decorar
Sal e pimenta
1 colher de sopa de manteiga
50 g de aparas de salmão defumado

1 Bata os ovos em uma tigela com a água. Misture a abobrinha ralada, a cebolete, o sal e a pimenta.
2 Derreta um pouco de manteiga em uma frigideira antiaderente. Quando estiver quente, coloque metade do omelete e cozinhe por 1 minuto, mexendo até que o ovo comece a ficar firme. Espalhe o salmão por igual e cozinhe por mais 1 a 2 minutos até que o ovo fique dourado por baixo e quase firme por cima.
3 Passe o omelete para um prato dobrando-o. Repita a operação com o restante do omelete. Espalhe um pouco de cebolete sobre cada omelete e sirva com salada de verduras ou alface crespa.

sobremesas rápidas

Taças de maracujá, manga e chocolate

Rendimento: 4 porções

1 manga grande
2 *muffins* de chocolate cortados em pedaços
2 maracujás
142 ml de creme de leite fresco
2 colheres de sopa cheias de coalhada fresca
1 colher de sopa rasa de açúcar de confeiteiro ou a gosto
2 colheres de chá rasas de açúcar mascavo
½ colher de chá de canela em pó

1 Corte a manga em cubos.
2 Coloque as mangas e os pedaços de muffins em camadas alternadas em copos ou taças de sorvete, finalizando cada uma delas com uma boa colherada de maracujá.
3 Bata o creme de leite até ficar bem grosso e misture com o açúcar de confeiteiro e coalhada fresca a gosto. Coloque este creme em cima de cada taça em colheradas bem cheias.
4 Misture o açúcar mascavo com a canela e espalhe por cima.

Taças de damasco com iogurte *light*

Rendimento: 4 porções

250 g de damascos desidratados, cortados ao meio
150 ml de suco de laranja fresco
150 ml de coalhada fresca
25 g de pistaches picados
4 colheres de chá de mel para regar

1 Em uma panela, coloque os damascos com o suco de laranja e ferva por 10 minutos. Deixe esfriar e divida tudo em 4 copos ou taças de sorvete.
2 Por cima de cada uma, coloque a coalhada fresca e espalhe os pistaches. Para finalizar, regue com mel.

Sobremesa de ruibarbo com gengibre

Rendimento: 6 porções

570 g de ruibarbo cortado em pedaços de 2,5 cm aproximadamente
95 g de açúcar de confeiteiro e um pouco mais a gosto
2 pedaços de gengibre cortados em fatias bem finas, mais duas colheres de sopa de xarope do mesmo
500 ml de creme *custard* ou flan de ovos frescos, ou similar caseiro, gelado
142 ml de creme de leite

1 Coloque o ruibarbo e o açúcar em uma panela. Cubra e deixe cozinhar em fogo brando até amaciar. Adicione mais açúcar se o ruibarbo ainda estiver ácido.
2 Coloque metade da fruta em uma bacia grande. Misture o xarope de gengibre com o que sobrar e deixe esfriar por 10 minutos. Despeje no fundo de 6 copos ou taças de sorvete de 225 ml cada.
3 Misture o creme de ovos com o ruibarbo na panela e mexa bem. Quando esfriar, bata o creme de leite em outra tigela e junte à mistura de ruibarbo com o creme de ovos até ficar homogêneo. Coloque nos copos e sirva com as fatias de gengibre por cima.

Salada de morangos com maracujá

Rendimento: 6 porções

454 g de morangos sem as sementes, cortados ao meio
2 laranjas: uma delas sem casca e partida em gomos e a outra, o suco
4 maracujás
2 colheres de sopa de água de flor de laranjeira
2 colheres de sopa de açúcar de confeiteiro ou açúcar mascavo *light*
2 colheres de sopa de pistaches sem casca

1 Coloque os morangos em uma tigela com os gomos da laranja.
2 Corte os maracujás ao meio e, com uma colher, coloque as sementes em uma jarra. Adicione o suco de laranja, a água de flor de laranjeira e o açúcar e mexa até dissolver todo o açúcar. Despeje sobre a salada e leve ao refrigerador.
3 Sirva em temperatura ambiente espalhando pistaches por cima.

Trifle de nozes, framboesa e vinho xerez

Ilustrações nas páginas seguintes

Rendimento: 6 porções
250 g de biscoitos amaretto
4 colheres de sopa de xerez doce
150 g de framboesa e mais um pouco para decorar
Açúcar cristal a gosto
500 g de creme inglês ou creme *custard* de baunilha
284 ml de creme de leite fresco

Para decorar
Avelãs torradas e picadas
Folhas frescas de hortelã

1 Coloque os biscoitos no fundo de uma tigela de vidro e regue bastante com o xerez.
2 Com um garfo, amasse bem 150 g de framboesas com açúcar a gosto e espalhe com uma colher por sobre os biscoitos. Adicione algumas framboesas inteiras.
3 Espalhe com uma colher o creme inglês ou custard e cubra com bastante creme de leite. Decore com framboesas inteiras, com as avelãs e as folhas de hortelã.

Jubileu de cerejas

Rendimento: 4 porções
100 ml de água
1 colher de sopa de araruta
150 ml de creme de cassis
Raspa e suco de 1 laranja
500 g de cereja sem cabinhos
500 g de sorvete de creme

1 Misture 1 colher de sopa de água com a araruta e forme uma pasta. Junte o resto da água com o creme de cassis, a raspa e o suco de laranja em uma panela. Ferva e misture a pasta mexendo até engrossar e clarear.
2 Adicione as cerejas e aqueça por 3 minutos. Coloque o sorvete em taças e cubra com o caldo.

A araruta engrossa o caldo sem escurecer, mas pode-se usar amido de milho, se preferir.

Tiramisu

Rendimento: 4 porções

2 colheres de chá de pó de café expresso
50 ml de água fervente
1 colher de sopa de licor de café
3 colheres de sopa de licor de ácer
250 g de queijo mascarpone
½ colher de chá de extrato de baunilha
100 g de iogurte de baunilha desnatado
10 biscoitos champanhe
Chocolate em pó para polvilhar

1 Coloque o café na água fervente em uma tigela e deixe esfriar. Adicione o licor e 1 colher de sopa de xarope de ácer.
2 Bata o mascarpone, o extrato de baunliha e o restante do xarope em outra tigela até obter uma mistura homogênea e suave. Adicione o iogurte.
3 Quebre os biscoitos ao meio. Mergulhe rapidamente os pedaços no xarope de café e coloque-os em taças de vinho ou de sobremesa. Faça o mesmo nos três outros copos. Coloque colheradas da mistura de mascarpone e repita as camadas com o restante dos ingredientes, usando três metades de biscoitos por taça para a segunda camada. Coloque as taças em uma bandeja e leve ao refrigerador por 1 hora.
4 Polvilhe as taças com o chocolate em pó para servir.

Syllabub com *limoncello* e açúcar de limão

Rendimento: 10 porções

125 g de framboesas;
50 ml de *limoncello* e mais um pouco para regar
Raspas bem finas de 2 limões siciliano
50 g de açúcar de confeiteiro
284 ml de creme de leite fresco
2 colheres de sopa de coalhada fresca

1 Divida as framboesas igualmente entre 10 copos shot cobrindo cada um deles com o *limoncello* extra.
2 Com um pilão, amasse bem as raspas de limão com 3 colheres de sopa do açúcar de confeiteiro.
3 Bata o creme junto com 50 ml de *limoncello* até ficar suave. Acrescente metade da mistura com a raspa ao restante do açúcar e junte à coalhada fresca. Com uma colher, cubra as framboesas com o creme e espalhe o restante do açúcar de limão para servir.

Limoncello é um licor de limão italiano, facilmente encontrado em importadoras, grandes supermercados e delicatessens italianas. Deve ser mantido no congelador e, consequentemente, bebido bem gelado.

Trifles de bananas *toffee*

Rendimento: 6 porções

6 pedaços de bolo de chocolate comprado
6 colheres de sopa de licor *Bailey's*
3 bananas médias
6 colheres de sopa de calda toffee ou de caramelo
500 g de creme *custard*
142 ml de creme de leite fresco
Extrato de baunilha
Confeitos dourados ou prateados para enfeitar

1 Para preparar, quebre o bolo em pedaços e divida em 6 copos de sobremesa. Regue cada um com uma colher de sopa de *Bailey's*. Fatie as bananas e divida entre os copos. Despeje uma colherada de calda toffee ou de caramelo, seguida de boas colheradas de custard. Leve ao refrigerador até a hora de servir.
2 Para servir, bata o creme de leite junto com o extrato de baunilha em uma bacia até engrossar. Ponha uma colherada em cada copo e decore com os confeitos.

Ameixas assadas com gim de ameixas silvestres

Rendimento: 4 porções

12 ameixas cortadas ao meio e sem caroços
150 ml de gim de ameixas silvestres (veja receita abaixo) ou use a comercializada em importadoras
suco de 1 laranja e um pouco mais
60 g de açúcar de confeiteiro

Para o gim de ameixas silvestres

450 g de ameixas silvestres lavadas
450 g de açúcar
1 garrafa de 750 ml de gim

1 Amasse bem as ameixas silvestres com um garfo e misture-as ao gim e ao açúcar em uma compoteira.
2 Durante aproximadamente as duas primeiras semanas vire a compoteira todo o dia para dissolver o açúcar e colorir o gim por igual.
3 Quando o gim estiver pronto, aqueça o forno a 200°C (180°C para fornos de convecção). Coloque as ameixas com o lado cortado para cima em uma assadeira grande. Misture o gim com o suco de laranja e despeje por cima das frutas. Polvilhe com açúcar e asse por 15 a 20 minutos até ficarem macias.
4 Utilize uma escumadeira para transferir para uma travessa para esfriar. Coloque a assadeira em fogo alto e ferva a calda por 3 a 4 minutos ou até reduzir a um xarope. Deixe esfriar e despeje por cima das ameixas já frias. Sirva com biscoitos amanteigados e sorvete ou com creme maturado (crème fraîche).

É fácil fazer o gim de ameixas silvestres. Porém, você tem de começar a prepará-lo 3 meses antes de servir. De preferência, adquira as ameixas silvestres em setembro para que a bebida fique pronta para o natal.

Panquecas de leite com bananas ao mel

Ilustrado nas páginas seguintes

Rendimento: 4 a 6 porções
200 g de farinha de trigo
½ colher de chá de bicarbonato de sódio
2 ovos ligeiramente batidos
25 g de açúcar de confeiteiro
284 ml de soro de leite ou leite
2 a 3 colheres de sopa de leite, se necessário
50 g de manteiga para fritar
6 colheres de sopa de mel
Suco e raspa bem fina de 1 laranja
4 bananas cortadas em fatias grossas
200 g de coalhada fresca para servir

1 Peneire a farinha, o bicarbonato e o açúcar de confeiteiro em uma bacia grande e faça um buraco no meio. Coloque os ovos e o soro de leite. Vá misturando até atingir uma massa de consistência suave. Adicione leite aos poucos se achar que a massa está muito grossa.
2 Aqueça ¼ da manteiga em uma frigideira grande, antiaderente, em fogo médio. Com uma colher ou concha, frite as panquecas por 2 minutos até dourarem por baixo. Vire e frite do outro lado por mais dois minutos. Repita a operação para todas as panquecas (receita para um total de 16 panquecas).
3 Coloque o mel, a raspa de laranja e o suco em uma frigideira e ferva por 3 minutos até engrossar e virar um xarope. Coloque as bananas e cozinhe por mais 30 segundos. Retire do fogo, espalhe o mel sobre as panquecas e sirva com colheradas de coalhada fresca.

Se não conseguir o soro de leite, use o leite comum.

Índice remissivo

Agradecimentos

A maioria das receitas deste livro foi publicada pela primeira vez na revista "*delicious*" ou revista "*Sainsbury's*". Agradecemos a todas as equipes (atual e anterior) que trabalharam nessas revistas e a todos aqueles do Grupo Editorial Seven por nos fornecer o material e pela ajuda prestada a nós.

Receitas por:
Felicity Barnum Bob 14, 93, 179; Kate Belcher 19, 25, 29, 45, 54, 74, 75, 82, 86, 122, 135, 149, 157, 158, 165; Geli Carney 174; Matthew Drennan 17, 22, 43, 57, 71, 81, 94, 121, 124, 134, 151, 154, 175, 185; Brian Glover 31; Silvana Franco 33; David Herbert 129; Catherine Hill 37, 187; Ghillie James 46, 130, 150, 168, 172; Debbie Major 100, 119, 180; David Morgan 183; Kim Morphew 42, 117; Tom Norrington-Davies 186; Sarah Randell 87; Sarah Randell & Ghillie James 18, 26, 32, 40, 47, 53, 58, 60, 61, 64, 67, 69, 78, 85, 91, 97, 98, 104, 107, 108, 110, 112, 113, 118, 125, 126, 133, 140, 143, 145, 146, 159, 162; Annie Rigg 13; Natalie Seldon 10; Harriet Staveley 50, 171.

Créditos de fotografia:
Steve Baxter 2, 8–9, 16, 20–1, 28, 34–5, 76–7, 80, 83, 88–9, 147, 160–1, 182, 188–9; Alan Benson 128; Peter Cassidy 7, 36, 48–9, 59, 66, 90, 99, 120, 132; Jean Cazals 96, 106, 111, 144; Stephen Conroy 184; Jonathan Gregson 181; Will Heap 170, 173; Janine Hosegood 23, 152–3; Richard Jung 24, 27, 41, 52, 62–3, 65, 68, 79, 102–3, 109, 127, 138–9, 141, 142, 163; Veronique Le Plat 15; Gareth Morgans 70, 84, 116, 156, 169; Lis Parsons 11, 55, 72–3, 92, 105, 114–15, 123, 131, 136–7, 166–7, 178; Michael Paul 30, 101; Deirdre Rooney 38–9, 56, 95; Peter Thiedeke 1, 44, 148, 155, 164, 176–7; Simon Walton 12; Philip Webb 51.